云 南 财 经 大 学 前 沿 研 究 丛 书

# 出口退税的
# 产业结构优化效应：
## 理论与实证研究

THE EFFECT OF EXPORT TAX REBATE ON
INDUSTRIAL STRUCTURAL OPTIMIZATION:
THEORETICAL AND EMPIRICAL STUDIES

刘盈曦／著

社会科学文献出版社
SOCIAL SCIENCES ACADEMIC PRESS (CHINA)

# 摘　要

　　我国自 20 世纪 50 年代实施出口退税政策后，政策目标由实现税赋公平、出口扩张逐步向出口结构优化、外贸平衡和产业结构优化演变。出口退税能在不引起反倾销诉讼、减轻世界市场贸易保护程度、调节整体出口贸易的同时，有差别地调节不同产业的发展，促进产业结构的优化，其有效性已经被实证检验所证实。目前，全球经济面临在"不平衡"中寻找"再平衡"的挑战，贸易保护主义兴起，国际市场的贸易环境恶化，我国宏观经济形势逐渐严峻，产业结构调整压力不断增大。可以预见，在今后的一段时间内出口退税政策将在我国的产业结构优化过程中扮演重要的角色。

　　我国自 2004 年起采用差异性出口退税政策，目的之一就是发挥其调整优化产业结构的政策效应。但从理论研究看，有关差异性出口退税政策的产业结构优化效应的研究还相当缺乏。本书基于赵志钜（Chao，Chi-Chur）的一般均衡模型与国际宏观经济学的相关理论模型，引入资本变量和两个差异性出口退税率，构建了我国出口退税的产业结构优化效应的理论模型，力图较为系统地分析我国出口退税对出口产业的传导机制、出口退税的产业结构优化效应、出口退税与关税和汇率的关系等问题。同时，利用我国1985～2011年产业发展数据以及基于技术投入的产业结构相关指标进行了实证检验。通过理论分析、模型推导和实证检验得出了以下几点结论。

第一，出口退税能够通过进口中间部件价格、成本和利润、国际市场售价、资源配置效率、相关上游和下游产业规模影响出口产业的发展。

第二，理论模型分析指出，根据产业政策目标对不同产业设置不同出口退税率，能够调整一国产业结构，优化产业布局，即差异性出口退税率的产业优化效应有效。此外，出口退税的调整效应对低加工、低技术投入产业更为有效。

第三，实证检验表明，我国差异性出口退税政策能够有效优化总体产业结构和工业产业结构，有效促进我国工业产业内低加工程度、低技术投入、低附加值产业收缩，但对促进工业产业内较高加工程度、较高技术投入和较高附加值产业的扩张以及降低资源消耗、促进低碳化效果不显著。

第四，关税增加和汇率升值将增强出口退税政策对产业结构优化升级的调节功能，提高差异性出口退税率的产业结构优化效应；反之，则相反。

第五，在全球经济"再平衡"背景下，出口退税政策调整应与我国"十二五"规划的产业战略相适应，建立适时、合理、有效的差异性出口退税率体系，针对不同类型、不同性质产业的出口产品给予不同的出口退税待遇，促进产业结构的优化和升级。

本书共8章。除第一章绪论外，主要内容为：一是对国内外与出口退税的产业结构优化效应相关的研究文献进行了综述；二是对新中国成立以来的出口退税政策进行了系统梳理；三是构建了理论模型，分析了出口退税对出口产业的影响路径；四是进一步构建了出口退税对产业结构优化的模型，系统分析了差异性出口退税的产业结构优化效应；五是实证分析了出口退税的产业结构优化调整效应；六是进一步综合分析了出口退税、关税和汇率的关系，以及关税和汇率如何影响出口退税的产业结构优化效应；七是探讨了在当今全球经济"再平衡"背景下出口退税的政策选择。

希望本书的研究结论能为人们更深入、系统地认识出口退税的产业结构优化的政策效应提供有益的启发，或能促进相关的理论研究，或能为经济管理部门制定出口退税政策与产业结构政策、实现我国产业结构的调整和优化提供参考。

# Abstract

Since the implementation of Export Tax Rebate (ETR) Policy in China during the 1950s, the objectives of ETR policy have changed gradually, from Tax Fairness, export expansion, export structural optimization to international trade balance and industrial structural optimization. Without arousing any anti-dumping proceedings, ETR can reduce the degree of trade protection in the world market and regulate total export while adjusting the development of different industries to promote the optimization of industrial structure. Its effect of industrial structural optimization has been confirmed by empirical tests. Nowadays, the world economy is facing the challenge of " rebalancing ", with trade protectionism arising and macroeconomic situation deteriorating, which have brought great pressure on Chinese industrial structure adjustment. It is predicted that ETR policy would play an important role in the Chinese industrial structural optimization.

Although 2004 Chinese government has been using differential ETR policy to optimize industrial structure, the theoretical researches on the effect of ETR' industrial structural optimization are scarce. Based on Chao's General Equilibrium Model and related International Trade model, involved capital varible and two differential ETR rates, we constructed Chinese ETR Industrial Structural Optimization Model, trying to systematically analyze Chinese ETR's different kinds of effects on export industries, ETR's synthetical effect on industrial structural optimization, and the relationship among ETR, tariff and exchange rates. Furthermore, we used Chinese data of industrial development and tech-investment based industrial structural indexes to run empirical tests. The results of theoretical analysis, model deduction and empirical tests are as follow:

(1) ETR can affect the development of export industries by influencing imported intermediate goods' price, export products'costs and profits, international market selling price, resources allocation efficiency and related industrial chains and clusters' development.

(2) Theoretical model analysis specified the effectivity of issuing different ETR rates on different industries according to industrial policy objectives to adjust national industrial structure and optimize industrial layout, which means that the effect of ETR on industrial structural optimization is significant, especially effective on low-tech industries.

(3) The results of Empirical tests show that Differential ETR policy can optimize overall industrial structure and industrial structure; can significantly reduce the scale of low processing, low-tech investment and low value-added industries; but had significant effect neither on development of higher processing, higher-tech investment

and higher value-added industries, nor on reducing resource consumption in production.

（4）Higher tariff and exchange rate appreciation can strengthen ETR's industrial structural optimization effect, and vice versa.

（5）In the global economy rebalancing period, the adjustment of ETR policy in the China should be consistent with Chinese current industrial strategy in the Chinese "Twelfth Five-Year" Plan, to build a timely, reasonable, effective, differential ETR system, issuing different ETR rates on different types of industries to promote industrial structural optimization and upgrading.

There are eight chapters in this book. Chapter 1 is an introduction. Besides, the content of this paper is as follows. First, we have done literature review on ETR's industrial structural optimization Effect. Second, we have systematically sorted Chinese ETR policies since the foundation of China. Third, we have constructed a model to analyze channels of ETR's export industrial effect. Fourth, we have further developed a model of ETR's industrial structural optimization, systematically analyzing differential ETR's industrial structural optimization effect. Fifth, we have empirically analyzed ETR's industrial structural optimization effect. Sixth, we have further synthetically analyzed the relationship among ETR, tariff and exchange rate, as well as how tariff and exchange rate influence the ETR's industrial structural optimization effect. Seventh, we have discussed the prospects, problems and countermeasures of ETR in current global economy rebalancing period.

Hopefully, this research can inspire us to understand more about the effect of ETR on industrial structural optimization, perhaps to promote relevant researches, and to provide suggestions about ERT policy and industrial structural policy for related economic management departments of the Chinese government to pursue Chinese industrial structural adjustment and optimization.

# 目 录

# Contents

# 第一章 绪论

## 第一节 选题背景与研究意义

出口退税政策对出口贸易、税赋平衡、经济发展及经济结构优化都具有重要的影响。我国自 20 世纪 50 年代引入出口退税政策后，出口退税政策的发展经历了改革开放前雏形阶段、改革开放后初步形成阶段、按公平税负原则调整确立阶段、按竞争性原则发展阶段、按调整性原则完善阶段、灵活运用竞争性原则和调整性原则振兴阶段及深化发展阶段。出口退税政策的功能，也从最初单纯的"征多少，退多少"保持税赋公平，逐渐发展到推动出口发展、优化出口商品结构，最终演变为平衡对外贸易和优化产业结构。

出口退税的产业结构优化效应的有效性已被实证检验证实。亚洲新兴工业化国家和我国政府的政策实践与实证检验都显示出口退税的产业结构优化效应是显著的（John，2005；王晓雷，2008；杨雄飞等，2009），特别是我国自 2004 年开始实施的差异性出口退税政策对产业结构的影响显著（郑桂环等，2005；王斐波等，2009）。差异性出口退税政策，能够引导产业走向，防止重复建设，促进总体产业结构的优化升级，达到优化产业结构的目的。

21世纪初金融海啸发生后，全球经济面临在"不平衡"中寻找"再平衡"的挑战。伴随金融危机而来的是贸易保护主义复兴，我国外部贸易环境恶化，宏观经济形势严峻，出口商品结构和整体产业结构调整压力不断增大。此外，作为世界经济的一部分，我国的经济也面临"再平衡"的挑战，需要通过调整经济发展战略，抑制"两高一资"产业的发展，降低出口依赖，探寻扩大内需、优化产业结构的科学发展道路。此时，产业结构优化成为我国长期的政策要旨。

在全球经济"再平衡"背景下，出口退税作为优化产业结构工具的优良特性凸显。因为出口退税政策是被WTO认可的一项措施，可以在不引起反倾销诉讼的同时，减轻出口商品出口到国外市场时面临的贸易保护程度；能够在调节整体出口贸易的同时，有差别地调节不同产业的发展；在总体减缓国家对出口扩张的鼓励，抑制"高污染、高能耗、低附加值"产业的发展和出口的同时，继续鼓励、促进高新产业以及新能源、新技术产业的发展和出口，调节我国的产业结构，平衡内需和外需之间的差距，促进我国总体产业结构和工业内产业结构的优化升级。可以预见在今后的一段时间内，出口退税政策将在我国的产业结构优化过程中扮演重要的角色。

## 一　出口退税的概念和必要性

为了分析出口退税的产业结构优化效应，本节首先探讨了出口退税的概念，并从税收协调视角、市场公平视角和国民待遇视角对出口退税的必要性进行简要分析。

### （一）出口退税的概念

出口退税是出口商品退免税的简称，是指退还出口货物在国内生产流通过程中缴纳的间接税，一般包括与出口商品直接相关的、可以清晰辨认的增值税和消费税等，不包括个人所得税和企业所得税。若出口商品在生产过程中有投入进口中间部件，则退税过程也要退还进口中间部件进口时缴纳的关税。

出口退税制度是指一国或地区对已报送离境的出口商品免征或退还在国内（或区内）生产、流通环节缴纳的间接税和进口部件进口时缴纳的进口关税，使本国出口商品以不含税的价格进入国际市场的一项税收制度，这项制度可以使出口商品免于被双重征税，参与国际市场上的公平竞争。

此外，出口退税也可以被表述为：出口国在增值税制度下，为避免本国出口产品遭遇国际双重征税，将出口货物在国内生产和流通过程中缴纳的间接税退还给出口企业，使出口货物以不含税的价格进入国际市场，属于间接税国际协调的范畴。如果出口商品生产过程中有进口中间部件的投入，则退税过程也要退还中间部件进口时缴纳的关税。

同时，根据消费地征税原则，WTO 也规定出口国出口商品在国内生产和流通过程中缴纳的间接税应被退还，使出口商品以不含税的国际价格进入市场，参与国际竞争，以解决国际贸易中的出口国和进口国对同一商品双重征税的问题。

### （二）出口退税的必要性

对一国出口商品退免在本国缴纳的增值税和消费税，使其以不含税的价格进入他国市场，由进口国对该商品征税，符合消费地征税原则，也是国际税收机制相互协调的体现；能避免出口税收负担问题，符合市场经济的平等竞争、平等税负原则，也符合国际贸易中的国民待遇原则。

## 1. 税收协调机制

在开放经济条件下，可以根据两种原则确定一国商品课税的管辖权范畴：其一是生产地管辖权原则（简称"生产地原则"），又称来源地原则；其二是消费地管辖权原则（简称"消费地原则"），又称目的地原则。在国际贸易中，若两种征税原则同时并行，就会因税收不协调而产生双重征税问题，即一国出口商品向出口国和进口国两次纳税，阻碍国际市场的公平效率，妨碍商品的国际流通。因此，为了避免双重征税问题，各国需要统一实行商品课税原则，以保证各国税收机制的协调。

虽然在自由贸易、运输成本为零、无贸易壁垒、各国征收单一商品税和完全弹性汇率条件下，生产地征税原则与消费地征税原则等效（Carl，1954），但是这些假设前提过于苛刻，在现实经济中难以满足，因此，需要进一步探讨两种税收原则孰优孰劣。大多数经济学家，如瓦莱尼亚（Valeria，1997）、豪福勒（Haufler，2001）、马斯格雷夫（Musgrave，2003）等普遍倾向于消费地原则，因为在完全竞争条件下，它比生产地原则更能保障全球化生产时的效率，符合生产最优化。进一步而言，消费地原则下各国对消费课税，若采用不同税率，则各国消费的边际替代率不同而边际转换率相同，此时虽然会引起消费跨边界流动，但是对一国消费者而言购买本国商品或是进口商品是无差异的，这保证了税收中性。此外，虽然各国消费的边际替代率不同会引起消费的跨边界流动，但是生产地原则下各国对生产课税，若采用不同税率，则各国消费的边际替代率相同而边际转换率不同，此时将引起生产要素的跨边界流动。实践中，生产要素跨边界流动的规模和速度都远小于商品的跨边界流动（Gary，2000），因此，消费地原则自然优于生产地原则。

总之，对一国出口商品退免该商品在本国已缴纳的增值税、消费税及进口部件缴纳的进口关税，使其以不含税的价格进入他国市场，由进口国对该商品征税，符合消费地征税原则，也是国际税收机制相互协调的体现。

**2. 市场公平原则**

国际贸易的公平原则告诉我们，一国只能对本国的消费课税，不应对外国的消费课税。当出口产品没有得到出口退税时，出口产品的出口价格中，除了包含生产费用、运输费用等成本外，还包含出口产品在生产、流通环节缴纳的间接税，以及进口中间部件进口时缴纳的进口关税。出口产品出口到国际市场时，在本国内上缴的税赋也同样被出口到国际市场，国外消费者在国际市场购买出口国含税的出口产品，相当于同时承担了出口国的税收负担，不符合国际贸易的公平原则。

因此，采用消费地原则，对出口产品给予退税，使其以不含间接税的形式出口到国际市场，避免了出口税收负担的问题，符合国际惯例和市场经济的平等竞争、平等税赋原则（潘明星，1997）。

**3. 国民待遇原则**

国民待遇原则是指在非政治领域，在民事权利方面给予一国境内的外国公民、企业与本国公民、企业同等待遇。这是 WTO 非歧视贸易原则的重要体现。在国际贸易中，国民待遇指一国给予其境内的他国商品或服务与本国商品或服务同样的待遇，即外国商品或服务与进口国国内商品或服务享有相同待遇。

因此，根据国民待遇原则，进口商品进入一国境内时需要上缴间接税，以确保进口商品承担与进口国国内同种商品同样的税赋。若进口商品在离开本国时没有抵退间接税，在进入进口国时又一次被征收间接税，则进口商品被重复征收两次间接税，不利于进口商品公平地参与国际市场竞争，削弱了进口商品的国际竞争力。邓力平（1996）也提到了出口退税的必要性，他认为给予出口商品出口退税待遇是在 WTO 国民待遇原则下，消除对出口商品税收歧视的必要手段，是符合市场经济公平竞争、平等税赋的客观要求的。

因此，为了保证在 WTO 的国民待遇原则下，一国商品能够公平地参与国际市场的公平竞争，承担公平税赋，给予出口商品出口退税的待遇是必要的，这能够在维持国民待遇原则的同时保证市场经济的公平。

## 二 产业结构优化的概念和内涵

本书探讨的是出口退税对产业结构的优化效应，因此，在明确了出口退税的概念和必要性之后，需要对产业结构、产业分类、产业结构优化等概念和内涵进行简单探讨，在此基础上才能有效分析出口退税的产业结构优化机制。

### （一）产业结构的概念

产业结构理论包括产业发展形态理论和产业关联理论，二者既相互联系又相互区别。前者认为产业结构是指国民经济中各产业经济资源之间相互联系、相互依存、相互提升资源配置效率的动态相关关系；后者指出产业结构是国民经济各产业在经济活动过程中形成的经济技术联系以及由此产生的各产业之间的产出比例。其中，经济技术联系是指以中间产品为纽带的产业关联。本书采用"产业关联理论"进行分析，主要分析产业各部门之间的构成比例和相互关系。

**（二）产业分类**

为了分析产业结构的发展阶段、发展程度、优化升级等问题，首先需要从产业关联理论角度对产业进行分类，之后才能分析产业结构的发展阶段、发展程度、优化升级等问题。一般而言，产业分类的方法主要有两大部类分类法、三次产业分类法、资源密集程度分类法和洛（Lall，2000）分类方法等。

**1. 两大部类分类法**

两大部类分类法是从马克思主义经济学中引申出来的，马克思在《资本论》中明确地把劳动区分为生产劳动和非生产劳动。他指出，"只有直接生产剩余价值的劳动是生产劳动"，而"非生产劳动，是那种不和资本交换，直接和收入即工资和利润（包括利息、地租）交换的劳动"①。因此，根据劳动的分类方法，相应把产业分为两大部类：生产物质资料、创造剩余价值的生产性劳动部门，包括农业、工业、建筑业等；不从事物质资料的生产，只为生产劳动提供非物质服务的非生产性部门，如教育、金融、保险等。这种分类方法目前已较少使用。

**2. 三次产业分类法**

三次产业分类法是根据社会生产活动中，对生产资料的加工程度和生产活动的顺序进行划分的。把以利用自然力为主、简单加工生产初级产品和工业原料的生产部门划分为第一产业，包括种植业、林业、畜牧业、水产养殖业等；把对初级产品和原料进行再加工的部门称为第二产业；把为生产和消费提供服务的部门

---

① 马克思：《剩余价值学说史》第 1 卷，人民出版社，1975，第 146～148 页。

称为第三产业，包括运输业、通信业、商业、餐饮业、金融保险业等。我国的三次产业分类方法相对简单，把农业归为第一产业，工业和建筑业归为第二产业，其他所有行业都归为第三产业。

### 3. 资源密集程度分类法

资源密集程度分类法，主要是根据各产业投入生产中的占优资源来划分的，把生产中劳动力、资本和技术分别占优的产业划分为劳动密集型、资本密集型和技术密集型。劳动密集型产业是指在生产中大量使用劳动力，对技术和设备的依赖程度偏低的行业，包括农业、林业、纺织、服装、玩具等行业。资本密集型产业是指生产中每个劳动者所使用的固定资本和流动资本都较高的产业，一般包括钢铁业、运输设备制造业、石油化工、电力工业等。资本密集型产业主要集中于基础工业和重加工工业，是一国经济实现工业化的重要基础。技术密集型产业是在生产过程中技术投入占优的产业，包括微电子与信息产品制造业、航空航天业、原子能工业、现代制药工业、新材料工业等。

### 4. 洛（Lall，2000）分类法

洛（Lall，2000）分类法是在帕维特（Pavitt，1984）和哈兹赤隆（Hatzichronoglou，1996）的分类方法上改进细化得到的。帕维特把各产业简单地分为劳动密集型、资本密集型、规模密集型和科学技术密集型，但这种分类方法过于简单且各分类之间容易重叠，因此，其实用性较弱。哈兹赤隆基于行业生产技术投入程度，对以上各分类进行了细化。

洛（Lall，2000）结合以上两种分类方法，对照 SITC 三位数分类，基于行业技术含量和贸易结构不同，把行业划分为十大技术类别，如表 1 - 1 所示。

表 1-1　行业技术分类体系

| 类别 | | 行业示例 |
|---|---|---|
| PP<br>初级产品产业 | PP<br>初级产品产业 | 农业、初级石油和天然气开采业、矿产采选业 |
| RB<br>资源型<br>产业 | RB1<br>农林加工业 | 农副食品加工业、食品制造业、饮料制造业、植物油加工业、木材加工业等 |
| | RB2<br>其他资源型产业 | 矿物冶炼业,石油加工业、橡胶产业、水泥业、珠宝切割业、玻璃制造业等 |
| LT<br>低技术<br>制成品业 | LT1<br>纺织服装产业 | 纺织业,服装、帽子及其他纤维制品制造业,皮革、毛皮、羽绒及其制品业等 |
| | LT2<br>其他低技术产业 | 陶器业、简单金属部件制造业、家具制造业、珠宝、玩具、塑料制品制造业 |
| MT<br>中技术<br>制成品业 | MT1<br>汽车工业 | 乘用车及零件制造业、商务车及零件制造业、摩托车及零件制造业 |
| | MT2<br>中技术加工业 | 合成材料制造业,化学用品、油漆、肥料、塑料,钢铁及管道制造业 |
| | MT3<br>工程机械产业 | 发动机制造业、工业机械制造业、抽水泵、开关设备制造业、船舶、钟表制造业 |
| HT<br>高技术<br>制成品业 | HT1<br>电子电力产业 | 信息处理器制造业、电视、晶体管、涡轮、发电设备制造业 |
| | HT2<br>其他高技术产业 | 医药制造业、航天航空制造业、仪器仪表制造业、照相机制造业等 |

其中,初级产品产业(Primary Products)是通过简单加工和生产,为制造业提供初级产品和工业原料的产业,生产过程中很少进行技术投入,产品的比较优势基本没有得到提升。

资源型产业(Resource Based)的产品都是较为简单的劳动密集型产品,生产过程中使用一些资本、规模或技术密集型的部件,这些部件在一定程度上提升了产品的比较优势,但并没有带来质的提升,因此,仍然归为资源型产业。

低技术制成品业（Low Technology）具有稳定、已广泛使用的技术支撑，这些技术较为初级，多使用在生产设备中，生产过程的终端对技术的要求更为简单。许多这类产品是无差别的，依靠价格竞争获得生存优势，此类行业中劳动力成本占据总成本的主要部分。规模效应和进入门槛相对较低，终端市场成长缓慢，收入弹性小于1。

中技术制成品业（Medium Technology）是成熟经济体的核心部分，产品多包含大量的复杂技术和中等程度的研发投入（Research & Development，R&D）。随着技术复杂程度的提高，学习和研发的过程也相应增加。

高技术制成品业（High Technology）产品具有先进、日新月异的技术和较高的研发投入。产品设计是重中之重，这类行业要求有复杂的技术基础、高水准的专业技能以及公司与大学或科研机构的紧密合作的支撑。

本书对产业结构优化的研究中，将主要使用后三种产业结构的分类方法，即三次产业分类法、资源密集程度分类法和洛（Lall，2000）分类法来分析出口退税对产业结构的优化效应。在明确产业的概念和产业分类内涵的基础上，接下来探讨产业结构优化的概念和内涵。

**（三）产业结构优化**

产业结构优化是在产业结构分类的基础上展开的，不同的产业分类可以对应不同的产业结构优化和升级的范畴。总体而言，产业结构优化是使各产业之间相互协调、各产业比例合理搭配，包括产业结构的高度化和合理化。

**1. 产业结构优化的概念**

产业结构优化是指产业之间互相协调能力的加强，各产业比例的合理搭配和关联水平的提高，依据各产业之间相互关联的客观比例关系，遵循再生产过程比例性要求，促进国民经济各产业间的协调发展，使各产业发展与整个国民经济发展相适应。当一国产业结构得到优化时，产业结构的优化效应不断发挥，国民经济持续快速发展。

**2. 产业结构优化的内涵**

产业结构优化主要包括产业结构实现高度化和合理化。

（1）产业结构的高度化，也被称为产业结构的高级化，主要指通过技术创新和科技进步，使产业结构的整体素质和效率向更高层次演变的过程。主要包括四个方面的高度化：①基于三次产业分类方法，促进一国的支柱产业链或产业结构重心由第一产业向第二产业、第三产业转移的过程，也是一国经济发展程度和发展阶段的表现，这种产业重心的转移往往通过三次产业之间产值比例、就业人数比重及产业增加值比例变动来反映；②基于资源密集程度分类法，促进一国的主要支柱产业由劳动密集型产业向资本密集型产业、技术密集型产业依次转变；③基于洛（Lall，2000）分类法，推动一国的产业结构的发展顺着低附加值产业向高附加值产业方向演进；从低加工度产业占优势地位向高加工度产业占优势地位方向转变。

（2）产业结构的合理化。产业结构是动态演变的，它随着当时的技术、经济、市场需求、国际环境的变化而不断演进，因此，当产业结构与以上各因素相适应时就是合理的；反之，当产业结构与以上各因素不相适应、阻碍经济和社会的发展时，就是不合理的。目前学术界对产业结构合理化的定义大致分为四类：①结构协调说，认为产业间协调即合理（李京文、郑友敬，1989）；②结构效益说，认为产业结构优化过程是指取得较好的结构效益（王述英，2005）；③结构动态均衡说，认为产业结构合理化就是要促进产业结构的动态均衡和产业素质的提高（苏东水，2006）；④资源合理配置说，认为产业结构合理化是在一定的经济发展阶段上，根据消费需求和资源条件，理顺结构，使资源在产业间合理配置、有效利用（史忠良，2005）。因此，综上所述，产业结构合理化是指促进一国（或地区）各产业适应该国（或地区）消费需求、技术水平、经济条件和资源条件，各产业间相互协调、相互均衡，达到资源合理配置、产业素质不断提高、结构效益日益增长的产业状态。这里，要注意的是，产业结构的合理化是一个不断向前推进的动态均衡过程，因此，判断基准也是随着各种条件和环境的改变而不断变化的。

### 3. 产业结构的升级

产业结构的升级，核心内容是社会生产技术基础更新所引发的产业结构的改进，即由新技术的研发、创新、投入生产、引进、扩散，引起新的技术产业发展和传统产业的更替、改造。产业结构的升级是增强产业结构转换能力的重要力量，是提高经济资源配置效率的客观要求，是实现经济增长的重要支撑力量。

在实践中，各国和地区实现产业结构优化升级的路径各不相同。韩国的产业政策经历了出口起飞、以重工业和化学工业为主的出口发展、贸易自由化到高新技术产品出口阶段；中国台湾经历的是进口替代、出口扩张、产业内部合并与升级到高新技术产品出口阶段；新加坡经历的是劳动密集型产品的进口替代、劳动密集型产品的出口扩张、出口结构的升级到推动高新技术产品和服务的出口阶段。

推动产业结构优化升级的方法有很多种，本书主要探讨的是出口退税对产业结构的优化效应，我们将会探讨和检验出口退税如何影响我国三次产业间比例变动、工业产业内部比例变动以及如何促进国民经济低碳化和绿色化发展等问题。

## 三　出口退税的产业结构优化机制探讨

出口退税之所以能够作为实现一国产业发展战略的有效工具，促进产业结构的优化和升级，是因为出口退税能够通过中间产品价格、成本、国际市场售价、资源配置效率以及上游和下游产业五条直接路径影响出口产业；此外，还能通过出口商品结构、加工贸易结构和生产耗能三条间接路径影响一国产业结构。因此，出口退税的产业结构优化机制的有效性不但取决于出口退税对出口产业的直接影响渠道的有效性，也取决于出口退税对产业结构的间接影响路径的有效性。

### （一）出口退税对出口产业的直接影响路径

#### 1. 进口中间部件价格

出口退税能够使存在贸易保护国家的出口产业，特别是制造业，以国际市场的公平价格获取进口部件。

#### 2. 成本

出口退税有利于降低出口产品的成本，能够提高行业利润、产量和就业率。

#### 3. 国际市场售价

出口退税能够确保本国出口品以不含税的价格参与国际市场竞争，保证本国厂商公平参与国际竞争。

#### 4. 资源配置效率

出口退税能够引起市场中生产要素（包括劳动力、资本和中间产品）的价格变动，引发要素在市场中的流动和重新分配。

5. 上游和下游产业

出口退税率的变动能够引起劳动力、资本和中间产品等要素均衡价格的波动，引致与出口退税产业相关的上游和下游产业链以及产业集群规模的变动。

（二）出口退税对产业结构的间接影响路径

1. 出口商品结构

通过差异性出口退税率，适当降低甚至取消劳动密集型产品的出口退税率，逐步提高技术密集型产品的出口退税率，能够逐步调整优化出口商品的结构，引致产业结构优化。

2. 加工贸易结构

采用差异性出口退税政策，根据加工程度、技术含量和附加值水平的不同给予加工出口贸易品相应不同的出口退税率，能够推进加工贸易的产品和产业结构的优化升级。

3. 生产耗能

采取差异性出口退税政策，取消或降低"两高一低"的出口产品的出口退税待遇，能够促进节能减排，淘汰落后产能，降低生产耗能，推动我国经济增长方式从粗放型向集约型转变。

（三）出口退税的产业结构优化机制的一般性分析

根据以上分析，当出口退税对产业的影响路径有效时，出口退税能够通过中间产品价格、成本、国际市场售价、资源配置效率以及上游和下游产业五条直接路径影响出口产业，因此，出口退税的"偏爱"将为产业带来行业扩张，而出口退税的"抑制"将引起行业收缩。此外，当出口退税对产业结构的间接影响路径有效时，出口退税还能通过出口商品结构、加工贸易结构和生产耗能三条间接路径影响我国的产业结构。

因此，出口退税可以作为实现一国"产业战略"发展的有效工具（James A. Brander 等，1983），建立根据产业结构调整和优化目标对不同行业设置不同出口退税率的差异性出口退税率制度：对于产业内低加工、低技术投入、低附加值产业给予较低出口退税率，或不给予出口退税政策优惠，引致行业收缩；对产业内较高加工程度、较高技术投入和较高附加值产业给予较高的出口退税率，促进生产扩张。同时，对于"高污染、高能耗、低附加值"的出口产品给予抑制性的出口退税率，或取消其出口退税待遇，抑制这类产业的发展和出口，以优化三次产业之间的比例，也能优化工业产业的比例，推动产业结构由劳动密集型、资本密集型产业占优向技术密集型产业占优演变；由低加工、低技术投入、低附加值产业占优向高加工、高技术投入、高附加值产业占优演变；促进节能减排，推动产业结构的低碳化和绿色化发展。

在实践中，差异性出口退税的产业结构优化机制的有效性已被实证检验证实。亚洲新兴工业化国家和我国政府的政策实践与实证检验都显示了差异性出口退税政策的产业结构优化效应是显著的（John，2005；王晓雷，2008；杨雄飞等，2009），特别是我国自 2004 年开始实施的差异性出口退税政策对产业结构的影响显著（郑桂环等，2005；王斐波等，2009）。

因此，当出口退税的产业结构优化机制有效时，实施差异性出口退税政策，能够引导产业走向，防止重复建设，促进总体产业结构优化升级，达到优化产业结构的目的。

## 四　全球经济"再平衡"的背景

全球经济在经历了 2008 年金融危机的冲击后，面临在"不平衡"中寻找"再平衡"的挑战。伴随金融危机而来的是贸易保护主义的复兴，各国出口补贴的覆盖范围扩大、力度提高，各种贸易保护措施增强，反倾销调查的要求剧增，这些都恶化了我国的对外贸易环境，给宏观经济的稳定带来了负面影响，也加大了产业结构调整的需要。此外，作为世界经济的一部分，我国的经济自身也有了"再平衡"的需要，通过调整经济发展战略，抑制"两高一资"产业的发展，降低出口依赖，探寻扩大内需、优化产业结构的科学发展道路。此时，产业结构优化成了我国长期的政策要旨。

在全球经济"再平衡"背景下，出口退税作为优化产业结构工具的优良特性凸显。出口退税政策是被 WTO 认可的一项措施，可以在不引起反倾销诉讼的同时，减轻出口商品出口到国外市场时面临的贸易保护程度。出口退税也能够在调节整体出口贸易的同时，有差别地调节不同产业的发展。在总体减缓国家对出口扩张的鼓励，抑制"高污染、高能耗、低附加值"产业的发展和出口的同时，继续鼓励、促进高新产业以及新能源、新技术产业的发展和出口，调节我国产业结构，平衡内需和外需之间的差距，促进我国总体产业结构和工业内产业结构的优化升级。因此，可以预见出口退税政策在全球经济"再平衡"中将发挥重要的作用。

## 五　研究意义

当出口退税对产业的影响路径有效时，出口退税能够通过中间产品价格、成本、国际市场售价、资源配置效率以及上游和下游产业五条直接路径直接影响出口产业，还能通过出口商品结构、加工贸易结构和生产耗能三条间接路径影响我国产业结构，因此，可以作为实现一国"产业战略"发展的有效工具，建立根据产业结构调整和优化的目标对不同行业设置不同出口退税率的差异性出口退税制度，优化工业产业内比例，推动产业结构由劳动密集型、资本密集型产业占优向技术密集型产业占优演变；由低加工、低技术投入、低附加值产业占优向高加工、高技术投入、高附加值产业占优演变；进而优化三次产业之间的比例，促进节能减排，推动产业结构的低碳化和绿色化发展。因此，可以预见，在今后的一段时间内，出口退税政策将在我国的产业结构优化过程中扮演重要的角色。

在实践中，我国已于 2004 年起采用差异性出口退税政策，其政策目标之一就是调整出口结构、优化产业结构，因此，急需相关系统理论的支撑。然而，目前理论界关于出口退税对产业结构影响状况的研究仍停留在文字预想和实证检验阶段，尚缺乏从理论模型层面做深入的研究，难以为我国差异性出口退税政策提供较为有力的理论支撑。对出口退税的产业结构传导机制的研究、对出口退税与关税关系的研究也需要更为系统地使用理论模型进行分析和探讨。此外，出口退税与关税、汇率的关系如何？当我们考虑关税和汇率的作用时，出口退税对产业结构的优化效应是增强还是减弱了？对这些问题仍然缺乏深入的研究。

因此，本书通过对出口退税的产业结构优化效应的系统研究，构建了一个一般均衡模型，以便较为系统地分析出口退税对产业结构优化的传导机制、出口退税的产业结构优化效应、出口退税与关税和汇率关系等相关问题。期许本书的研究结论为人们更深入、系统地认识出口退税的产业结构优化的政策效应提供有益的启发，或能促进相关的理论研究，或能为经济管理部门制定出口退税政策与产业结构政策、实现我国产业结构的调整和优化提供参考。

## 第二节　研究思路和框架

出口退税政策对出口贸易、税赋平衡、经济发展及经济结构优化都具有重要的影响。在展开研究之前，我们首先需要了解目前理论界对出口退税的已有研究成果、不足之处和有待研究的内容。因此，本书首先对出口退税的产业结构优化效应的研究进行了综述。

从第三章开始，对我国出口退税机制演变进行了梳理，并比较分析了其他国家的出口退税政策，帮助我们认识在我国研究和探讨差异性出口退税率的重要性和独特性。第四章至第六章，对出口退税的产业结构优化效应进行了理论模型分析和实证检验，尝试使用理论模型分析和实证分析相结合的方法来探讨出口退税的产业结构优化机制。

最后，进一步综合分析出口退税、关税和汇率的协同效应，以及关税和汇率如何影响出口退税的产业结构优化效应，试图构建一个完整的出口退税的产业结构优化理论。此外，也分析了全球经济"再平衡"背景下，出口退税政策应如何应对，图1-1是全书的基本框架。

第一章，首先，简单概述了出口退税、产业结构和产业结构优化的概念及内涵，介绍了出口退税的产业结构优化机制，以及全球经济"再平衡"背景下的挑战。其次，简单阐述了本书的研究意义。最后，介绍了本书的研究思路、框架和研究方法等，对全书的结构进行了合理安排。

第二章，研究了国内外有关出口退税的产业结构调整、优化效应研究的经济学文献。首先，从重商主义、重农学派、古典学

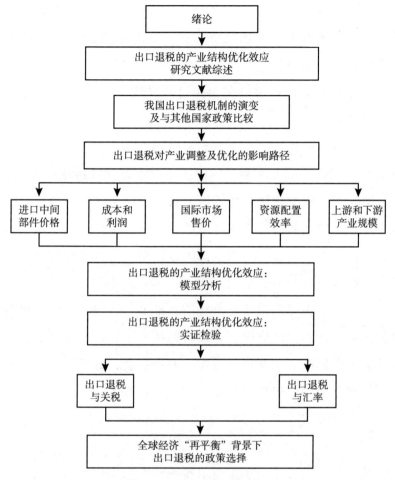

**图 1-1 全书基本框架**

派开始探讨出口退税的理论渊源，包括亚当·斯密（Adam Smith）、大卫·李嘉图（David Ricardo）等有关出口退税的贸易政策与产业政策的相关性研究。其次，梳理了现代的有关出口退税对产业结构的调整、优化效应研究的主要文献，包括中性派、非中性派、产业派和结构优化派的主要思想、贡献及局限性等。

第三章，对我国出口退税的机制演变进行了梳理，整理出我国出口退税政策的变动规律，帮助我们清楚地了解我国出口退税政策演变的历史，也能帮助我们在一定程度上了解出口退税政策的重要性及对我国经济的影响，为本书的模型构建和实证检验提供事实依据。此外，比较分析了其他国家出口退税政策，帮助我们认识我国研究和探讨差异性出口退税率的重要性和独特性。

第四章，借鉴赵志钜（Chao，Chi-Chur）的一般均衡模型（Chao 等，2001；Chao 等，2006）和国际宏观经济学中的模型，较为深入地、模型化地、具体地分析了出口退税如何通过影响出口产业和出口产品的进口中间部件价格、成本和利润、国际市场售价，以及影响出口产业的资源配置效率、相关上游和下游产业规模，引致出口产业的变动

第五章，在第四章模型分析的基础上，进一步构建了出口退税的产业结构优化效应模型，较为系统地、全面地分析了差异性出口退税率的产业结构优化效应。通过模型，分析国家对于不同行业采取不同出口退税率的鼓励产业优化政策是否有效，差异性出口退税政策对中低技术行业和对中高技术行业的影响是否相同。

第六章，实证分析了出口退税的产业结构优化调整效应。首先，实证检验了出口退税对出口总额、GDP 和出口占比的影响。在此基础上，使用根据第三章中探讨的产业结构分类方法，提炼出产业结构优化的一系列指标，并实证检验了出口退税对产业结构的优化效应是否显著。

第七章，在前面第四章至第六章研究结果的基础上，进一步综合分析出口退税、关税和汇率的关系，以及关税和汇率如何影响出口退税的产业结构优化效应。首先，分析了出口退税和关税之间的关系，探讨关税如何影响出口退税对出口产业的作用渠

道。其次，分析出口退税和汇率的关系，汇率如何影响出口退税对出口产业的作用渠道。

第八章，首先，分析了全球经济"再平衡"的背景下，发达经济体和新兴经济体的产业结构调整，以及"再平衡"对我国产业结构调整的影响。其次，探讨了全球经济"再平衡"背景下，出口退税机制的完善和政策选择。

# 第三节 研究方法

本书采用现代经济学研究的基本范式，即理论模型分析与实证分析相结合的基本方法来进行研究。

## 一 理论模型方面

本书采用的是一般均衡模型与国际宏观经济学中的模型相结合的方法，基于赵志钜（Chao，Chi-Chur）的一般均衡模型进行扩展（Chao 等，2001；Chao 等，2006），构建出口退税的产业结构优化效应模型进行理论模型分析。

## 二 实证研究方面

本书根据洛（Lall，2000）的行业技术分类体系，结合中国工业统计分类方法，把我国工业行业分为十大技术类别，提炼出衡量我国工业产业内部结构优化的三个指标 *PRL/ALL*、*MH/ALL* 及 *MH/PRL*；构建了一阶自回归移动平均模型（Autoregressive Integrated Moving Average Model），基于《中国统计年鉴》（1985～2012 年）以及《中国财政统计年鉴》（1985～2012 年）数据，使用计量软件 Stata 12.0 进行实证回归分析。

# 第四节　主要创新点

本书的主要创新点包括以下几个方面。

## 一　理论模型研究的创新

尽管在政策实践方面，我国已经于 2004 年把差异性出口退税率作为实现我国"产业发展战略"的有效工具来推动产业结构的优化发展，然而在理论研究领域，相关的理论研究才刚刚兴起。目前对出口退税的产业结构优化效应的研究较为粗浅，只停留在通过文字逻辑的理论分析阶段，缺乏相关的、系统的理论模型为政策实施提供可靠的理论支撑。本书针对目前理论界在此研究方面的不足，基于赵志钜（Chao，Chi-Chur）的一般均衡模型（Chao 等，2001；Chao 等，2006）进行扩展，结合国际宏观经济学中的 $2 \times 2 \times 1$ 模型，综合、有效、连贯、合理地构建了出口退税的产业结构优化效应模型，并且通过理论推导，肯定了出口退税的产业结构优化效应的有效性，为政策实践提供了坚实的理论支撑。具体而言，本书所使用的模型创新之处在于：

一是在赵志钜（Chao，Chi-Chur）的一般均衡模型中，出口商品的生产函数中，只包括劳动力和中间产品（又被称为"合成中间品"）的投入；在本书的模型中，出口商品的生产函数中增加了资本要素的投入，使模型更加符合经济现实。

二是赵志钜（Chao，Chi-Chur）的一般均衡模型只分析了单一出口退税率对单一出口产业的影响，本书引入两个差异性出口退税率和一个高新技术要素投入 $H$，考虑差异性出口退税待遇对不同技术产业的影响，探讨了差异性出口退税政策的产业结构优化效应的有效性问题。

三是本书使用出口退税的产业结构优化模型，力图较为全面地分析出口退税对出口产业的五个影响渠道，解决理论界在这个方面研究中模糊不清、各自为政的问题。

## 二 检验方法的创新

在检验方法方面，在分析工业产业内部产业结构的变动指标时，本书创造性地使用洛（Lall，2000）分类法，结合中国现今工业统计分类情况，把我国工业行业分为十大技术类别，基于技术投入程度，提出了衡量我国工业产业内部结构优化的三个指标 $PRL/ALL$、$MH/ALL$ 及 $MH/PRL$，使本书对出口退税的产业结构优化效应的实证检验更加科学、合理，更加接近现实。

# 第二章　出口退税的产业结构优化效应研究文献综述

本章主要概述了国内外有关出口退税的产业结构调整、优化效应的经济学文献。首先，从重商主义、重农学派、古典学派开始探讨出口退税的理论渊源，包括亚当·斯密（Adam Smith）、大卫·李嘉图（David Ricardo）等有关出口退税的贸易政策与产业政策的相关研究。其次，梳理了现代的有关出口退税对产业结构调整、优化效应研究的主要文献，包括中性派、非中性派、产业派和结构派的主要思想、贡献及局限性等。

## 第一节　出口退税的经济思想渊源

### 一　重商主义

出口退税的思想渊源可以追溯到始于 15 世纪的重商主义时代。早期的重商主义者认为，金银货币是唯一的财富形式，因此又被称为"重金主义"。除了开采金银矿产以外，他们认为只能通过扩大对外贸易实现金银货币的积累，因此，国家应该采取包括税收政策在内的财政政策和货币政策，抑制进口、奖励出口，通过大量的贸易顺差积累金银货币，实现国家富裕。在税收政策方面，特别强调对进口商品征高额进口税，抑制国内进口需求，防止金银外流；同时对出口商品给予补助金，鼓励国内企业的出口欲望，实现金银积累。

这是初期的资本主义经济背景下，首次考虑到采用出口补贴的原则促进本国的国际贸易，特别是出口贸易的发展。虽然重商主义单纯强调金银货币是唯一财富的观点有其局限性和历史狭隘性，但其通过财税补贴，促进国际贸易发展、推动本国财富积累的思想是值得肯定的。

## 二　重农学派

至18世纪中叶，继重商主义之后兴起了以布阿吉尔贝尔（P. Pierre Le Pesant，sieur de Boisguillebert）为先驱、经济学家弗朗斯瓦·魁奈（Francois Quesnay）以及安·罗伯特·雅克·杜尔哥（Anne Robert Jacques Turgot）为代表的重农主义学派。重农学派点明了重商主义对财富的错误认识，货币不是财富，只是为便利流通的交换手段；国际贸易也不是财富产生的源泉，土地产物和农业才是财富的源泉。此外，布阿吉尔贝尔在《法国的辩护书》中探讨了关于自由贸易和进出口税收的问题，他指出："关于法国的进口税，税额应保持现状，但应消除手续上的麻烦，因为这对国王丝毫无益，却会使外国人望而却步。至于出口税，则丝毫不应轻饶，而应全部取消，因为这是国王和王国前所未有的最大的敌人。"[①]

因此，重农学派认为，对出口产品退免税能够使本国商品公

---

① 布阿吉尔贝尔：《布阿吉尔贝尔选集》，伍纯武、梁守锵译，商务印书馆，1984，第167页。

平地参与国际竞争，符合"自然秩序"。他们的观点为本国商品能够公平参与国际竞争而免除其出口税的做法，给予理论支持，虽然没有明确成体系地阐述这个问题，但为后来国际贸易与进出口税收关系的研究提供了理论铺垫。

## 三 古典学派

作为该学派创始人，有"政治经济学之父"之称的威廉·配第（William Petty），于1662年发表了他的著名经济学著作《赋税论：献给英明人士 货币略论》。在这本书中，威廉·配第否认重农学派认为财富只来源于土地和农业的观念，认为"劳动是财富之父，土地是财富之母"①，即社会财富的真正来源是土地和劳动（罗鸣令，2009），由此确定了课税的最终对象问题，即对土地租金和消费课税。威廉·配第进而较为系统地探讨了财税问题，提出了税收的公平、简便和节约的原则。在探讨国际税收问题时，威廉·配第采取的是较为开放的自由贸易政策，他在探讨进出口货物的征税问题时，提出"任何出口的本国商品是否应当缴纳消费税？任何作为出口补偿的进口替代品是否不需要缴纳国内消费税？"② 等问题，也同时给出了明确的答案：他认为前者并无必要，因为出口商品并未以实物的形式在本国被消费，而进口商品在没有被征出口税的情况下，必须课征进口税。"因为这样，我们对所消费的货物就只缴一次税，而不至于缴二次税"③，这就

---

① 威廉·配第：《赋税论：献给英明人士 货币略论》，邱霞、原磊译，华夏出版社，2006，第26版，第91页。

② 威廉·配第：《赋税论：献给英明人士 货币略论》，邱霞、原磊译，华夏出版社，2006，第26版，第171页。

③ 威廉·配第：《配第经济著作选集》，陈冬野、马青槐、周锦如译，商务印书馆，1981，第172～175页。

符合了威廉·配第公平、简便和节约的税收原则。

这里，配第提出为了保持税收中性，避免被重复征税，应该对出口产品退免税；这已经具有了消费地课税原则下避免重复征税问题的雏形。同时，也更为系统具体地解释了税收的对象、原则等，对进出口商品课税问题从财税理论上，给予理论支持和系统探讨。这比重农学派对这个问题的探讨向前迈进了很大一步。

"现代经济学之父"亚当·斯密（Adam Smith）作为经济学的鼻祖和主要创始人，支持奖励出口的政策，认为这能够使本国商人和制造商谋求最大的国外销售市场，扩大国际市场份额，增加本国财富。而作为奖励出口的最好手段，就是出口退税。亚当·斯密指出，在各种奖励中，所谓退税，似乎是最合理的了。这种奖励不会驱使大部分资本违反自然趋势转向某一特定用途，却会使课税不至于驱使这部分资本中的任何部分转到其他用途去。这种奖励不会破坏社会上各种用途间的自然平衡，但会使课税不产生破坏这种自然平衡的作用。[①] 这里亚当·斯密认识到，出口退税本质上是一种鼓励出口的补贴或奖励，这种奖励出口工具的最大优势就在于它是在不干扰市场经济的自由运行的前提下，促进出口发展，优于其他形式的出口补贴和出口奖励。同时，亚当·斯密在国际贸易理论中，提出"绝对优势学说"时，谈到一国在生产某种产品时的成本绝对地低于其他国家同种商品的成本，那么这个国家就拥有了"绝对优势"。如果这种"绝对优势"属于该国的"自然优势"或"获得优势"，那么这个国家

---

① 亚当·斯密：《国民财富的性质和原因的研究》，商务印书馆，1979，第154页。

在与其他国家的贸易中，就应该集中资源生产和出口这种"绝对优势"产品，并通过出口退税政策提高本国"绝对优势"产品在国际市场上的占有率，增加国民财富。

这里我们看到，亚当·斯密对在自由贸易背景下，采用出口退税的认识，已经较为深入。他认识到出口退税本质上是一种鼓励出口的补贴或奖励，而这种奖励出口工具的最大优势就在于它是在不影响自由市场的市场秩序，也不干扰市场经济的自由运行的前提下，促进出口发展，增加本国财富，优于其他形式的出口补贴和出口奖励。同时，亚当·斯密已经看到，贸易政策与产业分工是相联系的，已经提出了基于绝对优势的产业分工概念及与之相联系的鼓励出口的出口退税政策。亚当·斯密是看到贸易政策与产业政策相联系的第一个人。

大卫·李嘉图（David Ricardo）在亚当·斯密"绝对优势学说"的基础上，提出了"比较优势学说"，指出各国应该专业化分工生产和出口本国"比较优势"的产品，进口"比较劣势"的产品，从而各个国家都能从国际贸易中获利。同时，大卫·李嘉图指出："一种商品如被课税就不能有利于输出。……因此当其输出时往往给予退税；而当其输入时则课取关税。"① 因此，他支持出口退税，以"有利于输出"，促进本国"比较优势"产品的出口，提高本国福利。另外，大卫·李嘉图也从税收转嫁的角度看待出口退税问题，他指出对本国出口产品征税，则这部分税负将由国外消费者承担，这不符合公平的原则，因此他支持免除对出口商品课税。

---

① 大卫·李嘉图：《政治经济学及赋税原理》，商务印书馆，1962，第194~197页。

大卫·李嘉图基于"比较优势"理论说，进一步扩展了与贸易政策相联系的产业政策的适用范围，提倡使用出口退税促进"比较优势"产品出口和本国经济发展。同时，在大卫·李嘉图支持出口退免税的观点中，考虑了税赋转嫁的问题，他的思想较为贴近当代对出口退税的科学认识，值得肯定。

总之，出口退税产生于非中性的重商主义贸易政策背景下，重农主义和古典政治经济学派逐渐认识了它的中性特征，开始探讨在自由贸易和公平竞争的前提下，出口退税的属性和用途，同时他们也认识到出口退税与产业发展相联系的需要。

## 第二节　对出口退税认识的发展和深化

现代经济学家对出口退税这一政策工具的认识是逐渐深化的。初期对出口退税的认识主要以中性税收政策工具为主，用来避免双重征税，实现在国际市场上的公平竞争和自由贸易。其后人们逐渐看到出口退税除中性特征外，还具有非中性特征，学者们开始探讨如何使用非中性的出口退税，扩张出口，促进经济发展。

### 一　对出口退税认识的发展——中性派、非中性派及置疑

#### （一）出口退税中性派

中性派对出口退税的认识主要以中性税收政策工具为主，提倡零税率原则，避免双重征税，实现在国际市场上的公平竞争和自由贸易。密尔志·韦瑟斯（Milledge W. Weathers，1986）认为，当各国采取征税目的地原则配合关税及贸易总协定（General Agreement on Tariffs and Trade，GATT）的国际税收协调

机制时，应对出口商品退税，避免双重征税并加强本国出口商品的国际竞争力。中国潘明星（1997）、马玉瑛等（2000）、刘剑文（2004）和裴长洪、高培勇（2008）也持类似观点。中性派对出口退税的中性特征的认识是值得肯定的，不足之处是没有充分认识到市场经济是非完全竞争的，国际市场也存在各种关税壁垒，单纯强调出口退税的中性特征不符合经济现实。

## （二）出口退税非中性派

对出口退税持有非中性派观点的经济学家们，对出口退税的认识更贴近现实，他们看到并通过实证检验证实了出口退税确实有促进出口发展的非中性特征。如艾文·番那葛瑞亚（Arvind Panagariya，1992）发现在贸易保护的国家，出口退免税可以被作为一种鼓励出口增长的工具来使用。因此，他们把出口退税政策称为"新自由贸易工具"（Elena Ianchovichina，2003），把它作为积极财政政策的一部分，促进整体经济增长。汤贡亮、李成威（2002）把出口退税政策当成积极财政政策的一部分，对整个经济体增长起到重要作用。此外，陈平等（2003）、何兴容等（2009）和林龙辉等（2010）也持类似观点。实证检验方面，赵志钜等（Chao，Chi-Chur et al.，2001）基于中国1978～1998年的数据使用误差修正模型进行实证检验，结果肯定了出口退税对出口扩张的促进作用。陈建勋等（Chien-Hsun Chen et al.，2006）采用斯皮尔曼等级相关系数检验法基于中国1985～2002年的数据进行实证检验，结果显示中国出口退税政策对中国的出口量、最终国内消费、外汇储备具有显著的正相关性。

因此，非中性派提出把出口扩张作为出口退税的政策目标，走出口退税非中性路线，推动中国对外经济扩张和经济发展。然而这种单方面注重经济量的增长和全面推动出口扩张的方式，引起了部分经济学家的反对和置疑。

### （三） 对非中性出口退税的置疑

出口退税的反对派以唐倩（1996）和茅于轼（2001）为代表，他们置疑非中性出口退税政策的合理性，建议取消出口退税，提出：①出口退税政策间接强调了价格竞争，易导致企业忽视产品质量、售后服务等非价格因素的竞争和自身效率的提高（唐倩，1996）。②出口退税政策容易导致外贸行业的低效率运行，使国内资源大量外流，国民价值亏损（唐倩，1996）。③出口退税实施的过程中，易存在征退税机制不配套、虚假报税等无效率因素，而只有有效管理的出口退税政策才能促进出口增长（唐倩，1996；Jai S. Mah，2007）。④当使用出口退税政策的目的是依靠增加出口来弥补总需求不足时，容易造成价格扭曲、资源配置低效和产业结构老化，耽误国内经济结构调整的时机（茅于轼，2001）。

这些置疑是较为中肯的，出口退税政策的实施过程中确实在一定程度上存在以上问题，但是这些问题的根源在于出口退税政策单方面关注出口扩张，即问题出在出口退税这个政策工具的使用方法上，而不是出口退税这个政策工具本身，他们提出的取消出口退税的建议有因噎废食之嫌。

## 二　对出口退税认识的深化——产业派

针对以上置疑，出口退税的产业派兴起，他们指出问题的根源在于出口退税被作为增加出口和弥补总需求的手段来使用，即政策目标设置不合理，因为非中性的出口退税不但能引起出口波动，还能影响出口退税产业。因此，出口退税的目标设置应该与产业发展相联系以解决以上问题。产业派的主要贡献在于他们使用模型工具较为清晰地阐述了出口退税对产业的影响路径，为其后的研究提供了理论基础和分析工具。

### （一）出口退税对产业的影响路径

产业派指出，出口退税通过中间产品价格、成本、资源配置效率、相关的上游和下游产业和出口产业的"租"五条路径影响出口退税产业。

#### 1. 进口中间部件价格

出口退税能够使存在贸易保护国家的出口产业，特别是制造业，以国际市场价格获取进口部件，增强出口产品在国际市场上的竞争力，从而促进该国出口产业出口和发展。基辛（Keesing，1988）指出促进制造业发展的一个核心条件就是为出口部门提供世界市场上快速、有效购买进口部件的渠道。出口退税是一国在维护进口保护的同时，使出口产业以国际市场一般价格获得进口部件的有效方法，中国台湾、韩国、中国和泰国等国家和地区都采用了这种方法（Thomas V. J.，1990）。

因此，出口退税成为一种对抗本国贸易保护、鼓励出口、在国际市场上获得较大贸易秩序、促进出口产业发展的手段（Robert Wade，1991）。奥利维尔·凯德特（Olivier Cadot，2003）、叶莲娜（Elena Ianchovichina，2003）、斋马哈（Jai S. Mah，2007a，2007b）和约翰·韦斯（John Weiss，2005）等也都支持这一看法。

#### 2. 成本

出口退税有利于降低出口产品的成本，能够提高行业利润、产量和就业率，增强本国产品的国际竞争力，引致出口产业扩张（刘怡，1998；刘小军，1999；金兴健，2002；陈虎，2007；Robert J. Carbough，2008）。

陈建勋等（Chien-Hsun Chen et al.，2006）使用古诺数量竞争模型来分析出口退税。他们假设两个企业，本国企业 1 和外资企业 2，都使用进口部件生产同质商品，国内企业 1 的商品在国内市场和第三方市场销售，销售量分别为 $D$ 和 $E$，外资企业 2 的商品全部出口到第三方市场，销售量为 $Y$，两个市场内的反需求函数分别表示如下：

$$P_1 = a - bD \qquad\qquad (2-1a)$$
$$P_2 = \alpha - \beta(E + Y) \qquad (2-1b)$$

其中，$a$、$b$、$\alpha$ 和 $\beta$ 都大于 0。国内企业 1 的利润函数为：

$$\pi^d = (a - bD - c)D - (1 + t)mD + [\alpha - \beta(E + Y) - \atop c - (1 + t)m]E + \gamma t \qquad (2-2a)$$

其中，$c$ 是边际成本，$t$ 是进口部件缴纳的进口税，$m$ 是中间产品的进口价格，$\gamma$ 是出口退税率。外资企业的利润函数为：

$$\pi^f = [\alpha - \beta(E + Y) - c^* - m]Y \qquad (2-2b)$$

其中，$c^*$ 是外资企业的边际成本。使用最优化的一阶条件和二阶条件，对联立方程（2-2a）和（2-2b）求最优解后，进而求利润函数对出口退税率 $\gamma$ 的全微分，得到：

$$\frac{d\pi^d(\gamma)}{d\gamma} = \frac{\partial \pi^d}{\partial D}\frac{\partial D}{\partial \gamma} + \frac{\partial \pi^d}{\partial E}\frac{\partial E}{\partial \gamma} + \frac{\partial \pi^d}{\partial Y}\frac{\partial Y}{\partial \gamma} + \frac{\partial \pi^d}{\partial \gamma}$$
$$= \frac{4tmE}{3} > 0 \qquad\qquad (2-3)$$

因此，提高出口退税率，能够提高本国企业利润，促进出口退税行业的生产扩张；反之，则相反。

3. 出口产业的"租"

以詹姆斯·布兰德（James A. Brander）和巴巴拉·斯宾塞

（Barbara J. Spencer） 为代表的经济学家提出了战略性贸易政策理论（Strategic Trade Policy），指出世界市场是非完全竞争市场，存在规模收益递减，因此政府应该积极运用包括出口退税政策在内的出口补贴、税收刺激、低利率贷款等，扶植存在规模经济、外部正效应或大量"租"的产业，增强本国出口商品的竞争力，鼓励出口，从而扩大本国厂商在国际市场上该行业的占有率，提高本国的战略地位。

因此，詹姆斯·布兰德和巴巴拉·斯宾塞特别强调政府可以使用出口退税作为其实现"产业战略"的有效工具（Brander & Spencer，1983）。巴巴拉·斯宾塞对此进行了进一步分析，作为贸易政策工具的出口退税政策能够帮助本国企业在存有大量"租"的行业通过出口获得额外收益，提高本国在世界市场上该行业的占有率，促进本国该行业的发展。

因此，受到出口补贴政策"偏爱"的产业将能够获得非完全竞争市场上的"租"，获得超额利润，提高市场占有率，促进生产增长和行业扩张。

### 4. 资源配置效率

出口退税能够引起要素重新分配，提高资源配置效率，促进出口退税产业发展（刘怡，1998）。赵志钜等（Chi-Chur Chao et al.，2006）引入一般均衡模型进一步具体分析。他们假设本国经济中，生产三种类型的产品——可出口品 $X$、可进口品 $Y$ 和中间产品 $M$，生产函数为：

$$Q_x = Q_x(L_x, M) \qquad (2-4a)$$
$$Q_y = Q_y(L_y, K_y) \qquad (2-4b)$$
$$M = (M_d)^{\mu}(M_f)^{1-\mu} \qquad (2-4c)$$
$$M_d = M_d(L_m, K_m) \qquad (2-4d)$$

其中，$L$、$K$、$M$ 为生产中投入的生产要素劳动力、资本和中间产品。$M_d$ 是生产合成中间品 $M$ 时，投入的国内生产的中间部件，价格为 $v_d$，$M_f$ 由国外进口，含税（进口税）价格为 $v_f = v_f^* + t$。设 $\alpha = (M_f/Q_x)$ 为每单位 $X$ 中的国外进口中间部件所占比例，每生产一单位 $X$，需缴纳 $t\alpha$ 的进口税。设出口退税率为 $\rho$，每出口一单位 $X$，出口退税额为 $\rho t\alpha$，当国内市场价格与国外市场价格均衡时，$p = p^* + t\alpha$。设 $X$ 的价格为 $p$，$Y$ 的价格为单位价格，当国内市场上竞争均衡时，价格等于边际成本，则有：

$$p = \alpha(w,v) \qquad (2-5a)$$

$$1 = \beta(w,r) \qquad (2-5b)$$

$$v_d = \gamma(w,r) \qquad (2-5c)$$

其中 $\alpha(\cdot)$、$\beta(\cdot)$ 和 $\gamma(\cdot)$ 为单位成本函数。此时，要素市场的出清条件为：

$$\alpha_w(w,r)Q_x + \beta_w(w,r)Q_y + \gamma_w(w,r)M_d = L \qquad (2-6a)$$

$$\beta_r(w,r)Q_y + \gamma_r(w,r)M_d = K \qquad (2-6b)$$

$$\mu v\left(\frac{M}{v_d}\right) = M_d \qquad (2-6c)$$

其中，$\alpha_w(w,r)$ 为单位成本函数 $\alpha(w,v)$ 对 $w$ 的偏导数，$\beta_w(w,r)$ 和 $\gamma_w(w,r)$ 等同理。求解以上方程（2-4）至（2-6），同时考虑稳定性条件，可以得到：

$$\frac{dw}{d\rho} = \beta_r(t\alpha + dp^*/d\rho)/\Delta > 0 \qquad (2-7a)$$

$$\frac{dr}{d\rho} = -\beta_w(t\alpha + dp^*/d\rho)/\Delta < 0 \qquad (2-7b)$$

$$\frac{dv_d}{d\rho} = (\beta_r\gamma_w - \beta_w\gamma_r)(t\alpha + dp^*/d\rho)/\Delta > 0 \qquad (2-7c)$$

因此，赵志钜等（Chi-Chur Chao et al.，2006）推算出，出

口退税率调整会引起要素价格（包括工资、利率和中间产品价格）波动，改善资源配置效率，带来出口退税行业的扩张。

5. 扩张相关上游和下游产业

赵志钜（Chi-Chur Chao）指出，由于出口退税率的变动能够引起劳动力、资本和中间产品等要素均衡价格的波动，扩张与出口退税产业相关的上游和下游产业，可以促进出口退税产业的发展（Chi-Chur Chao 等，2001）。因此，出口退税政策的使用，不但能够影响单一产业的发展，而且能够扩张产业链，促进产业集群的发展。

（二）实证检验

出口退税产业派的经济学家们，不但从理论模型上分析了出口退税对产业的五个影响路径，还从实证检验上证实了这种影响的显著性。在实践中，美国、法国和日本都曾在 20 世纪七八十年代选择性地对一些特定行业，如半导体行业、电子器械行业等，使用出口退税政策扶植其行业发展，有效地提升了这些行业在世界市场竞争中的位置，促进了行业扩张（Barbara J. Spencer，1986；Michael Borrus 等，1986）。

此外，中国 2004 年出口退税率的下调对电子元器件、通信设备、医药生物行业利润有 5% ~ 10% 的显著负面影响（李汉桥，2004），对机电产品和高新技术产品的出口约有 20% 的负面影响（陈军才等，2005）；2007 年中国出口退税率下调对主要制造业有显著的负面影响（Elena Ianchovichina，2004；Richard S. Eckaus，2008），对机械工业的企业利润和产出都有显著的负面影响（郑国伟，2007），对纺织行业的出口也有负面影响（向洪金等，2010）。其中，值得一提的是，陈军才等（2005）使用了较为先进的干预计量分析法，来分析中国 2004 年出口退税率的下降对各产业的影响，基本模型如下：

$$Z_t = \frac{\omega(B)B^b}{\varepsilon(B)}y_t + N_t$$

$$\omega(B) = \omega_0 - \omega_1(B) - \omega_2(B)^2 - \cdots - \omega_s(B)^s \qquad (2-8)$$

$$\varepsilon(B) = 1 - \varepsilon_1 B - \varepsilon_2 B^2 - \cdots - \varepsilon_\tau B^\tau$$

其中，$B$ 表示滞后算子，$N_t$ 为任意 ARMA 模型，干预序列变量为：

$$y_t = \begin{cases} 0, t < 2004 \text{ 年 } 1 \text{ 月} \\ 1, t \geqslant 2004 \text{ 年 } 1 \text{ 月} \end{cases}$$

### （三）产业派评价

产业派的贡献主要有：①认识到出口退税不仅能影响出口，而且能影响产业发展，他们把出口退税的政策目标与产业发展联系起来，有了一定进步；②出口退税产业派出现后，出口退税对产业的影响路径不再像一个黑箱子模糊不清，而是被模型化和数理化，被清晰、有逻辑、明确地阐述出来，为其后的研究提供了理论基础和分析工具；③使用较为先进的计量工具，从实证上证明了出口退税对产业影响显著，为之后的研究奠定了基础。然而，他们的研究视角还不够广阔，只考虑到出口退税对单一产业的影响，没有从更加宏观的角度考虑问题，也没有考虑到产业间协调和产业优化升级的问题。

## 第三节　对出口退税认识的提升
### ——产业结构优化派

针对产业派的不足，产业结构优化派兴起，他们提倡综合运用几种不同出口退税率，配合一国产业结构调整政策，达到产业结构优化的目的。

## 一 差异性出口退税机制

结构优化派指出，既然出口退税通过中间产品价格、成本、出口产业的"租"、资源配置效率以及相关的上游和下游产业五条路径影响出口退税产业，那么受到出口退税"偏爱"的产业，即获得较高出口退税率的国家产业政策扶植的支柱产业和有较好前景的新兴产业，能够以世界市场的一般价格获取中间加工部件，可降低成本，获取较多出口行业的"租"，更有效率地配置资源，促进相关的上游和下游产业更好发展，引致行业扩张；反之，受到出口退税政策"抑制"的产业，即获得较低出口退税率甚至零退税率的易引起贸易摩擦、产能过剩、生产低效的产业，只能以高于国际一般价格的"高价"购入中间投入部件，或购买质量较差的国内生产部件，导致国际竞争力降低、利润下降，上游和下游相关产业收缩，引致行业收缩（Keesing，1988）。

因此，结构优化派提出可以把出口退税作为实现一国"产业战略"发展的有效工具（James A. Brander 等，1983），建立根据产业结构调整和优化的目标对不同行业设置不同出口退税率的差异性出口退税率制度，引导产业走向，防止重复建设，引导资源从低退税率的出口行业转向高退税率的出口行业，实现产业结构的优化和升级。中国学者们首先提出使用差异性退税率来优化产业结构。

## 二 多样化的差异性出口退税理论

目前理论界，基于不同的理论框架，对如何设置差异性退税率来优化产业结构，提出了多种不同的看法。

## （一）次优出口理论

王复华（1998）等认为，根据次优出口退税原理，当国际市场非完全竞争、存在市场扭曲现象时（如出口商品在出口市场上具有一定垄断力量或出口负外部性等），出口国对出口商品征收出口税有利于该国福利的增加。因此我国现阶段宜实行差异性出口退税政策：对垄断性质较强的出口商品，如我国出口的工艺品和土特产品，给予较低的出口退税率；对于具有出口负外部性的商品，取消或降低出口退税率，征收矫正性出口退税；对于大部分工业制成的出口品，国际市场需求弹性较大，出口税的扭曲效应也相对较大，给予完全退税政策。马芸（2007）指出，对不同商品给予不同出口退税率，构建出口退税率随着出口货物加工程度由浅至深而由低到高变化的差异性出口退税机制，能够促使国家鼓励扶植的附加值较高的行业出口量上升，一般性出口产品及国家限制出口产品的产量下降，促进中国产业结构的调整优化。

## （二）战略性出口退税制度

刘小军（1999）指出对政策扶植产业给予较高出口退税率，能够提高该行业利润，使资源向所扶植产业的方向流动。因此，提出以推动国民经济发展和优化产业结构为目标，设立"战略性出口退税制度"，在充分考虑国家财政承受能力的基础上，根据适时性原则和先导性原则，确定中心出口退税率；对出口商品普遍给予高于实际税负的退税率支持，鼓励商品出口，拉动经济增长，缓解金融危机的影响；对传统工业、劳动资本密集型产业给予较高出口退税支持；对高附加值、高技术含量的产品给予最高的出口退税率优惠来促进知识密集型产业的成长。

与现行制度按出口产品类别进行分档不同，"战略性出口退税制度"是按照出口商品的增值程度和技术含量程度进行分档的，对低附加值和低技术含量的商品给予不高于中心出口退税率的待遇，对于技术落后、浪费资源、质量低的产品取消出口退税率，对于增值程度和科技含量较高的产品，实行消费性增值税，使出口退税政策作为产业结构调整"税收诱因"的效果显著化，引导产业走向和防止重复建设，实现产业结构调整和优化。

**（三）最优出口退税体系**

郭辉明、屠庆忠（2004）认为，出口退税的波动作用于当前的产业结构，影响着未来的产业结构，他们提出根据耗散结构理论（The theory of Dissipative Structure）确定由不同出口商品退税率组成的复合退税率的最优出口退税体系，随着该国的财政承受能力、税收征管水平、出口商品的性质和国际市场的竞争状况的变动而不断动态调整。因此，他们建议有意识地运用最优出口退税率体系的杠杆促进作用，促进产业结构的优化和升级。王晓雷（2007）认为最优出口退税体系应该是动态调整的，当对外经济失衡时，应采取高的、泛的、无差异性出口退税率，优先处理外部经济失衡问题；当对外经济处于均衡状态的时候，则应采用低的、有选择的、有差别的出口退税率，重点处理出口产业结构的优化和升级问题。他指出当时中国对外经济"超均衡"，因此出口退税政策应该强调利用差异性出口退税率加快国内出口产业结构的调整、优化和升级。

**（四）一般性差异性出口退税率理论**

陈军才、林伟斌（2005）提出，为了避免长期陷入斯蒂格利茨怪圈[①]，应该在保持出口稳定增长的前提下，根据各行业国际竞争力差异，进行有差别、有层次的出口退税政策选择，以保护国内产业、鼓励出口，达到优化一国产业结构的目的。陈虎（2007）认为实行出口退税能够造成不同出口产品在税负成本上的差异，影响出口产品的价格和国际竞争力，最终影响出口产业结构。何晴、张斌（2009）也支持采用"差额退税"制度，实现结构目标，引导资源从低退税率的出口行业转向高退税率的出口行业，实现出口结构和产业结构的升级。

## 三　出口退税的产业结构优化效应的多种实证检验方法及结果

出口退税对产业结构的优化作用也被结构派通过实证检验所证实。约翰·韦斯（John Weiss，2005）发现，新兴工业化经济体（Newly Industrialized Economies）中，亚洲"四小龙"（中国台湾、韩国、中国香港和新加坡）、马来西亚、泰国和印度尼西亚等国家和地区的产业结构优化，一定程度上得益于包括出口退税在内的出口补贴政策。此外，中国经济学家也使用事件分析法，来检验出口退税对产业结构的影响，其分析模型如下：

$$exsa\_g_t = c + \sum_n^{i=1} \alpha_i exsa\_g_{t-i} + \sum_m^{j=0} \beta_j eer\_g_{t-i} + e_t \qquad (2-9)$$

其中，$exsa\_g_t = (exsa_{yb}\_g, exsa_{jl}\_g)'$；$exsa_{yb}\_g_i$ 为中国一般贸易出口的月度变化率，定义为季节调整后的一般贸易出口总量

---

① 斯蒂格利茨怪圈，即新兴市场以较高利率从发达国家借钱，再以国库券和其他低回报率证券的形式把钱借给发达国家，属于一个得不偿失的怪圈。

的自然对数形式的一阶差分，$exsa_{jl\_g_i}$ 以相同方法定义；$eer\_g_{t-i}$ 为有效汇率指数 $EER$ 的月度变化率，定义为 $EER$ 的自然对数的一阶差分，$EER$ 根据 Bahmani-Oskooee 方法构造：

$$EER = \sum_{n}^{i=1} \alpha_i \left[ \frac{(R_i)_t}{(R_i)_0} \right] \times 100 \qquad (2-10)$$

其中，$R_i$ 为每一单位人民币兑换贸易伙伴国 $i$ 的货币数量的双边名义汇率。使用这一模型进行实证检验，结果显示中国 2004 年的差异性出口退税率调整长期内结构性影响显著（郑桂环等，2005；王斐波等，2009）。此外，中国 2006 年和 2007 年的差异性出口退税率改革在提升出口产业结构方面的影响也是显著的（王晓雷，2008；杨雄飞等，2009）。

### 四 对现有出口退税的产业结构优化理论的评价及展望

基于产业派的研究结果，结构优化派从更加宏观的角度，提出了使用差异性退税率来调整产业结构的思想，从理论上清楚地阐述了差异性出口退税政策如何起到优化产业结构的作用，最后使用事件分析法等当代计量方法，证实了这一作用的显著性。然而，结构优化派关于出口退税对产业结构影响状况的研究仍停留在文字预想和实证检验阶段，尚缺乏从理论模型层面做深入的研究，难以为我国差异性出口退税政策提供较为有力的理论支撑。

## 第四节 小结

本章对 18 世纪以来国内外与出口退税的产业结构优化效应

相关的经济学文献进行了系统分析，结果表明：从重商主义、重农学派开始，经济学家们已经开始了对出口退税的探讨，至古典主义时期，亚当·斯密与大卫·李嘉图等把产业政策与贸易政策联系起来；到了近代，对出口退税的认识逐渐深化，从中性派、非中性派演化到产业派和结构优化派。

中性派认为出口退税是中性的，提倡零税率原则，但这与经济现实不符。非中性派则认为出口退税具有促进出口的非中性特征，用实证的方法证实了这一特性，但他们把出口退税单纯作为增加出口和弥补总需求的手段来使用是有局限性的。

产业派的主要贡献在于使用模型工具，清晰地指出了出口退税能够通过中间产品价格、成本、出口产业的"租"、资源配置效率以及相关的上游和下游产业五条路径影响出口退税产业，并从实证上证实了这种影响的显著性，为后面的研究奠定了理论基础。结构优化派从理论上阐述了差异性退税率对产业结构的优化调整效应，并从实证上证实了这一效应的显著性。

把优化产业结构引入出口退税的政策目标中，为出口退税问题的研究打开了新的天地。然而，结构优化派关于出口退税对产业结构影响状况的研究仍停留在文字预想和实证检验阶段，尚缺乏从理论模型层面做深入的研究，难以为我国差异性出口退税政策提供较为有力的理论支撑。对出口退税的产业结构传导机制的研究、对出口退税与关税关系的研究也需要更为系统地使用理论模型进行分析和探讨。此外，出口退税与关税、汇率的关系如何？当我们考虑关税和汇率的作用时，出口退税对产业结构的优化效应是增强还是减弱了？这些问题仍然缺乏深入的研究。

21世纪初金融危机发生后，我国的宏观经济形势逐渐严峻，此时产业结构优化成为我国长期的政策要旨，可以预见出口退税政策将在我国的产业结构优化过程中扮演重要的角色。因此，如何更好地使用出口退税这个政策工具与产业结构优化目标搭配，实现产业结构的调整和优化，是需要不断探讨的问题。

# 第三章 我国出口退税机制的演变及与其他国家政策的比较

在本章第一节中，对我国出口退税机制的演变进行了梳理。我国自20世纪50年代引入出口退税政策后，出口退税政策的发展经历了改革开放前雏形阶段、改革开放后初步形成阶段、按公平税负原则调整确立阶段、按竞争性原则发展阶段、按调整性原则完善阶段、灵活运用竞争性原则和调整性原则振兴阶段及深化发展阶段。出口退税政策的功能，也从最初单纯的"征多少，退多少"保证税赋公平，逐渐发展为推动出口发展、优化出口商品结构，最终演变为平衡对外贸易和优化产业结构。在第二节中，简单比较了法国、英国、意大利、希腊、印度和韩国的出口退税制度，帮助我们认识我国研究和探讨差异性出口退税率的重要性和独特性。

## 第一节 我国出口退税机制的演变

### 一 改革开放前雏形阶段（1950～1977年）

改革开放前，我国实行的是统收统支的计划经济体制，企业缺乏独立经济体地位，税收调节作用有限。进出口产品的征免退税体系尚未成型，变动频繁，1950年开始实行出口退税政策后，1957年废止；1966年再次实行，1973年再次废止。

如图3-1所示，我国20世纪50年代初进出口贸易总额不到20亿美元，出口额不到10亿美元。1950年12月，国家为了照顾出口无利产品，鼓励输出，在修订《货物税暂行条例施行细则》时，第十条补充规定："已税货物输出国外，经公告准许退税者，由出口商向税务机关申请退还货物税税款。"自此，我国开始实行出口退税政策。但当时只针对出口无利或亏损产品，根据亏损程度不同，分三类处理，如表3-1所示。

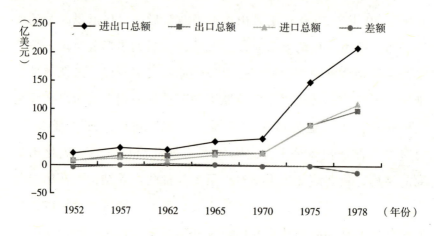

**图3-1 我国1952～1978年进出口情况**

资料来源：《中国统计年鉴1996》。

表3-1 我国1950年的出口退税制度

| 商品种类 | 退税规则 |
| --- | --- |
| 鞭炮,焚化品,罐头,搪瓷,玻璃制品等 | 全额退税款 |
| 化妆品、香皂、牙膏、暖水瓶等 | 退还1/2税款 |
| 纸花、毛织品、丝绸等 | 退还原料全部税款 |

1957 年，社会主义改造基本完成后，政府把商品流通税、货物税、营业税和印花税加以合并，改成工商统一税。在此过程中，为了体现国家对其他经济成分企业的利用、限制和改造的政策，也为了简化退税手续，取消了对出口产品的退税政策。当然，取消退税的另外一个原因是当时对外贸易处于盈余状态（如图 3 - 1 所示），促进出口的需求降低。最后一个原因是在当时的财税构架下，退税只关乎财政内部税利转移问题。

1966 年，由于三年自然灾害和中苏关系恶化，我国国民经济发展速度下降，对外贸易赤字形成，为扭转经济形势，外贸部向国务院申请对出口产品实行退税。经国务院批准，经财政部和外贸部协商后，确定了对出口商品实行 8% 的综合退税率。

1973 年，受"文化大革命"时期"左"倾思想和"税收无用论"冲击，我国把已经简化的工商税制再一次简化，把工商统一税及其附加税、城市房地产税、车船使用牌照税、盐税和屠宰税合并为工商税，同时取消了进口产品的进口税和出口产品的退免税。

## 二　改革开放后初步形成阶段（1978 ~ 1987 年）

从 1978 年起，我国开始实行对内改革、对外开放，进出口贸易发展起来。由于当时我国经济仍属于短缺经济，进口商品种类、数量逐渐超过出口商品，特别是电子产品大量进口，国内机械产品积压，出口不畅，对外贸易开始表现出不平衡的特征。如图 3 - 2 所示，1978 年净出口额为 - 11.4 亿美元，1985 年降低到 - 149 亿美元。面对外部经济的不平衡及国内新兴电子工业发展缓慢等状况，1983 年，我国财政部发布《关于钟、表等 17 种产品实行出口退（免）税和进口征税的通知》，对我国 17 种产品试点"进口征税、出口退税"。

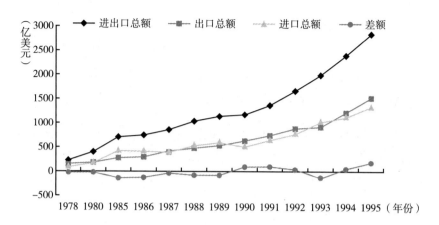

图 3 – 2　我国 1978～1995 年进出口情况

资料来源：《中国统计年鉴 2009》。

1985 年，国务院转发了财政部《关于对进出口产品征、退产品税或增值税的规定》，开始在全国范围内正式实行出口退税政策，这标志着我国出口退税制度在全国范围内建立起来。然而，当时我国对外贸易规模小，仍处于"互通有无、调剂余缺"的阶段，出口量总体较小，出口退税规模小，对经济影响能力弱。

## 三　出口退税政策调整确立阶段——公平税负原则（1988～1994 年）

这一阶段出口退税政策的调整目标是按公平税负原则，彻底实践"零税率"的完全中性退税。出口退税政策随着我国税收政策的改革而不断调整，逐渐从调剂余缺功能向完全中性退税方向转变。

1988 年明确了"征多少，退多少，不征不退和彻底退税"的中性退税政策。这一政策包含两个方面的调整：首先，出口退税政策逐渐从调剂余缺的功能向中性出口退税政策转变；其次，出口退税由部分退税向彻底退税转变。1988 年以前，出口退税只退还生产环节的增值税和生产环节的产品税，但 1988 年开始实行彻底退税政策，根据核定的出口产品的综合退税率，退还该出口产品所有环节缴纳的流转税。

1993 年，国务院通过了《中华人民共和国增值税暂行条例》和《中华人民共和国消费税暂行条例》，在全国范围内进行税制改革，确立了在商品流通环节普遍课征增值税、选择性课征消费税的税收制度。

1994 年，与《增值税暂行条例》和《消费税暂行条例》的全面实施相适应，按照出口商品"零税率"的原则，我国制定了《出口货物退（免）税管理办法》，如表 3 - 2 所示，对出口商品在各环节所缴纳的增值税和消费税，实行全额退税。

表 3 - 2　1994 年《出口货物退（免）税管理办法》的主要内容

| 类　别 | 企业及货物类型 | 退税方法 |
|---|---|---|
| 第一类 | 有出口经营权的企业（以下简称"出口企业"）出口和代理出口的货物 | 在货物报关出口并在财务上做销售后,凭有关凭证按月报送税务机关批准退还或免征增值税和消费税 |
| 第二类 | （一）对外承包工程公司运出境外用于对外承包项目的货物 | 特准退还或免征增值税和消费税 |
| | （二）对外承接修理修配业务的企业用于对外修理修配的货物 | |
| | （三）外轮供应公司、远洋运输供应公司销售给外轮、远洋国轮而收取外汇的货物 | |
| | （四）利用国际金融组织或外国政府贷款采取国际招标方式由国内企业中标销售的机电产品、建筑材料 | |
| | （五）企业在国内采购并运往境外作为在国外投资的货物 | |

续表

| 类　别 | 企业及货物类型 | 退税方法 |
|---|---|---|
| 第三类 | （一）来料加工复出口的货物 | 出口货物免征增值税、消费税的，不办理退税 |
| | （二）避孕药品和用具、古旧图书 | |
| | （三）卷烟 | |
| | （四）军品以及军队系统企业出口军需工厂生产或军需部门调拨的货物 | |
| 第四类 | （一）原油 | 除经国家批准属于进料加工复出口贸易外，不予退还或免征增值税、消费税 |
| | （二）援外出口货物 | |
| | （三）国家禁止出口的货物。包括天然牛黄、麝香、铜及铜基合金、白金等 | |
| | （四）糖 | |
| 第五类 | 抽纱、工艺品、香料油、山货、草柳竹藤制品、渔网渔具、松香、五倍子、生漆、鬃尾、山羊板皮、纸制品 | 特准扣除或退税 |

资料来源：国家税务总局关于印发《出口货物退（免）税管理办法》的通知（国税发〔1994〕031号）。

至此，我国的中性出口退税制度在全国范围内正式确立。

## 四　1995年后出口退税政策发展阶段——竞争性原则（1995～2003年）

从这一阶段开始，出口退税不再追求中性零退税率原则，而是按照竞争性原则，根据出口贸易量及增长率来调节出口退税率的高低，出口退税政策开始作为一种实现贸易政策目标的政策工具登上历史舞台，根据当时的经济和贸易状况，发挥促进我国出口产品参与国际竞争，推动出口增长，或在一定程度上维持贸易平衡的作用。

根据1994年的零税率出口退税政策测算，我国平均出口退税率为16.13%（裴长洪等，2008），其中出口货物适用的退税率为 17% 和 13%；对小规模纳税人购进的特准退税的出口货物退税率为 6%。高额的出口退税率，对于出口企业而言意味着丰厚的利润。因此，为了达到"零税率"目标而推出的"应退尽退"政策，为出口企业出口提供了巨大动力，推动了我国出口的迅猛增长。从图 3 - 3 中我们看到，1994 年，"应退尽退"出口退税政策推出当年，出口增长率由上一年的 8.01% 猛增到 31.91%，是上一年的近 4 倍；次年，即 1995 年出口增长率仍高达 22.95%，净出口高达 166.9 亿美元（同年 7 月，政府将平均出口退税率下调了 3.2 个百分点）。同时，随着出口猛增，相继而来的另一个问题就是出口退税额规模不断扩大，超出了中央财政能够承受的能力，出现了出口退税拖欠现象，此外巨大的利润空间和出口退税管理相对滞后还引发了骗税问题。

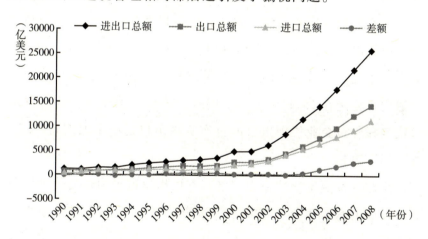

**图 3 - 3　我国 1990 ~ 2008 年进出口情况**

资料来源：《中国统计年鉴 2009》。

因此，为了平衡我国对外贸易、缓解中央财政压力、解决出口退税问题，中央政府迅速采取行动，于 1995 年、1996 年两年连续下调出口退税率，从 1995 年 7 月 1 日起，国务院下调出口退税率 3.2 个百分点，平均退税率由 16.13% 下降为 12.9%；从 1996 年 1 月 1 日起，又进一步下调出口退税率 4.6 个百分点，平均退税率下降为 8.29%。

然而连续两次大幅度下调出口退税率，对出口经济影响严重，出口企业积极性受挫，政府大幅度、连续性地干预市场的结果是 1996 年出口增长率骤降到 1.53%。1997 年虽然出口增长率有反弹的趋势，但 1998 年受亚洲金融危机的影响，出口增长率跌至谷底，只有 0.5%。因此，为了对抗外部恶劣环境，促进出口的发展，中央政府再次使用出口退税作为政策工具，逐渐提高出口退税率，以帮助出口企业积极参与国际竞争。从 1998 年 1 月 1 日起，分次、分批、逐步、多次地提高出口退税率，最先恢复的是纺织品和纺织机械 17% 的出口退税率，至 2002 年仍继续调节个别退税款项和退税率水平，包括提高棉纱、棉布及制品和纱、布的出口退税率，从 15% 提高到 17%，对出口钻石、棉花、大米、小麦、玉米的增值税实行零税率等。最终，我国出口的综合退税率稳定在 15.11% 左右。同时，2002 年对生产企业自营出口或委托外贸企业代理出口的自产货物出口退税全面实行"免、抵、退"办法。

至此，按照竞争性原则，已基本把出口退税构建为一种调节出口发展的政策工具。1995～2003 年，政府根据我国外贸收支的平衡程度、出口贸易量及增长率、出口退税负担等调节我国的出口退税率，在一定程度上成功地提高了我国出口产品参与国际竞争的能力，促进了国际贸易的发展。

## 五 出口退税完善阶段——调整性原则（2004～2007 年）

从本阶段开始，出口退税政策不再只是作为促进出口、提高国际竞争力的一种手段了，而是开始向更加多元化、更加灵活的方式转变，促进产业发展，调整出口结构、工业内产业结构及总体产业结构，出口退税政策逐渐转变为一种优化产业结构的有效工具。

### （一）2004年出口退税改革

如图3-4所示，我国出口产品中工业制成品的比重自20世纪90年代开始，就达到70%以上，并且这一比例还在不断提高。到2003年年底，我国出口品中工业制成品所占比重已达到92.06%。因此，在2004年改革之前，我国出口商品的结构已经总体上由主要出口初级产品转向主要出口工业制成品。但根据国际贸易标准分类，我国出口产品中劳动密集型产品仍占有较大比重。如图3-4所示，2004年，劳动密集型产品占工业制成品出口的比重为48.36%，占总出口的比重也仍高达44.52%。总体而言，至2004年出口退税改革之前，中国出口产品以劳动密集

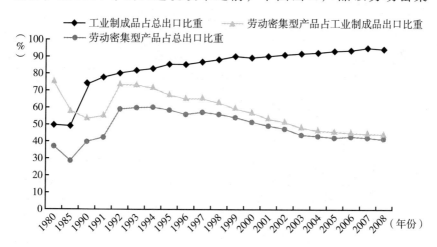

**图3-4　1980~2008年我国出口产品中工业制成品、
劳动密集型产品所占比重**

资料来源：《中国统计年鉴2009》。

型产品为主，附加值低，出口结构水平不高，增长力不足。

2003 年年底，财政部、国家税务总局发布了《财政部 国家税务总局关于调整出口货物退税率的通知》，通知规定自 2004 年 1 月 1 日起，调整原来出口退税机制，在适当降低总体出口退税率的基础上，开始对不同产品区别对待，采用不同的出口退税率，如表 3 - 3 所示。

表 3 - 3　2004 年出口退税率调整的主要内容

| 类　别 | 企业及货物类型 | 退税方法 |
|---|---|---|
| 第一类 | （一）现行出口退税率为 5% 和 13% 的农产品 | 维持现行出口退税率不变 |
| | （二）现行出口退税率为 13% 的以农产品为原料加工生产的工业品 | |
| | （三）现行增值税税率为 17%、出口退税率为 13% 的货物 | |
| | （四）船舶、汽车及其关键零部件、航空航天器、数控机床、加工中心、印刷电路、铁道机车等现行出口退税率为 17% 的货物 | |
| 第二类 | 小麦粉、玉米粉、分割鸭、分割兔等列明 11 种食用粉类和 7 种分割肉类货物 | 出口退税率由 5% 调高到 13% |
| 第三类 | 原油、木材、纸浆、山羊绒、鳗鱼苗、稀土金属矿、磷矿石、天然石墨等 46 类列明货物 | 取消出口退税政策 |
| 第四类 | （一）汽油、未锻轧锌 | 出口退税率调低到 11% |
| | （二）未锻轧铝、黄磷及其他磷、未锻轧镍、铁合金、钼矿砂及其精矿等 8 种列明的货物 | 出口退税率调低到 8% |
| | （三）焦炭半焦炭、炼焦煤、轻重烧镁、萤石、滑石、冻石等 13 类列明的货物 | 出口退税率调低到 5% |
| | （四）除以上规定的货物外，凡现行出口退税率为 17% 和 15% 的货物 | 出口退税率一律调低到 13% |
| | （五）除以上规定的货物外，凡现行征税率和退税率均为 13% 的货物 | 出口退税率一律调低到 11% |
| | 财税〔2001〕113 号文件规定的 48 种农药 | 按 11% 的出口退税率退税 |
| 第五类 | 计算机软件 | 出口免税 |

资料来源：《财政部 国家税务总局关于调整出口货物退税率的通知》（财税〔2003〕222 号）。

　　此次调整，根据国家当年的产业发展规划，对于国家鼓励发展和鼓励出口的产品，主要包括农产品和高新技术产品，维持现行出口退税率不变，或有限下调；适当降低一般性的出口产品及容易引起贸易摩擦产品的出口退税率；对属于"两资一高"的国家限制出口产品，出口退税率下降幅度较大。在这一次出口退税制度改革中，首次提出了在改革出口退税机制的同时进行外贸机制改革，把出口产品结构的调整考虑在内，通过出口退税机制的改革，进一步提升我国出口商品的国际竞争力，促进出口产品结构优化，提高整体的经济效益。从这次改革开始，我国政府正式开始使用差异性出口退税率优化产业结构，实证检验结果显示，我国2004年的差异性出口退税率调整长期内结构性影响显著（郑桂环等，2005；王斐波等，2009）。以下我们进一步具体分析这次出口退税政策调整对当时的中国经济结构带来的影响。

　　**1. 能源型、资源型出口产品**

　　如原油、木材、纸浆、山羊绒、鳗鱼苗、稀土金属矿、磷矿石、天然石墨等，此类产品加工粗糙、附加值低、利润空间狭窄，且一定比例的利润来自出口退税本身。因此，取消对这类产品的出口退税，短期内将导致此类产品出口下降，甚至部分企业面临破产的危险。然而，长期内将遏制资源型产品的生产和出口，有利于保护资源环境，调节资源型产品的出口结构，有利于经济的长远发展。

　　**2. 容易引起贸易摩擦的产品**

　　如棉纺织品、服装和一般机电产品等，此类产品主要依靠廉价劳动力参与国际竞争，出口退税率由17%下降到13%，将进一步压缩这类产品的利润空间。因此，短期内将引起出口量的下降，但长期内将促进国际竞争力的提高，特别是非价格因素的国际竞争力提高，包括创建品牌优势、培育核心技术、提高科技含量等。

### 3. 国家鼓励发展和鼓励出口的产品

如船舶、汽车及其关键零部件、航空航天器、数控机床、加工中心、印刷电路、铁道机车等，这类产品在当时属于高新技术产品。我国处于产业链中较为末端的位置，没有拥有核心尖端技术，大多数情况下只负责组装再出口，因此，附加值不是很高。维持原有17%的出口退税率不变，这在一定程度上保护了我国的"幼稚产业"，给予这些产业提高自身科研能力、管理能力和创新能力的机会。

### 4. 附加值较高的农产品

如小麦粉、玉米粉、分割鸭、分割兔等，出口退税率提高到13%，促进此类农产品的出口，有利于提高我国出口产品的附加值含量。

### (二) 2006年、2007年出口退税改革

循着2004年出口退税的产业调整的相同思路，2006年1月、9月和2007年7月三次继续进行出口退税率的分行业调整和改革。

中国财政部、国家税务总局决定自2006年1月1日起，取消煤焦油（从煤、褐煤或泥煤蒸馏所得的焦油及其他矿物焦油，不论是否脱水或部分蒸馏，包括再造焦油）、生皮、皮革、生毛皮、蓝湿皮、湿革、干革的出口退税政策；同时下调部分产品的出口退税率至5%，包括列入《关于在国际贸易中对某些危险化学品和农药采用事先知情同意的鹿特丹公约》和《关于持久性有机污染物的斯德哥尔摩公约》中的25种农药、分散染料，汞、钨、锌、锡、锑及其制品，金属镁及其初级产品，硫酸二钠和石蜡。

2006年9月，经国务院批准，财政部、国家发展改革委、商务部、海关总署、国家税务总局发布了《关于调整部分商品出口退税率和增补加工贸易禁止类商品目录的通知》（财税〔2006〕139号）。

《关于调整部分商品出口退税率和增补加工贸易禁止类商

目录的通知》规定取消非金属类矿产品、煤炭、天然气、有色金属、金属陶瓷、木炭、枕木、细山羊毛和部分木材初级制品等的出口退税政策；下调钢材（142 个税号）、部分有色金属材料、纺织品、家具等产品的出口退税率；上调重大技术设备、部分IT 产品和生物医药产品等高新技术产品和部分农产品的初级加工品的出口退税率，如表 3-4 所示。

表 3-4　2006 年 9 月出口退税率调整的主要内容

| 类　别 | 企业及货物类型 | 退税方法 |
|---|---|---|
| 第一类 | （一）进出口税则第 25 章除盐、水泥以外的所有非金属类矿产品；煤炭、天然气、石蜡、沥青、硅、砷、石料材、有色金属及废料等 | 取消出口退税 |
| | （二）金属陶瓷、25 种农药及中间体、部分成品革、铅酸蓄电池、氧化汞电池等 | |
| | （三）细山羊毛、木炭、枕木、软木制品、部分木材初级制品等 | |
| 第二类 | （一）钢材(142 个税号) | 出口退税率由 11% 降到 8% |
| | （二）陶瓷、部分成品革和水泥、玻璃 | 出口退税率分别由 13% 降至 8% 和 11% |
| | （三）部分有色金属材料 | 出口退税率由 13% 降至 5%、8% 和 11% |
| | （四）纺织品、家具、塑料、打火机、个别木材制品 | 出口退税率由 13% 降至 11% |
| | （五）非机械驱动车(手推车)及零部件 | 出口退税率由 17% 降至 13% |
| 第三类 | （一）重大技术装备、部分 IT 产品和生物医药产品以及部分国家产业政策鼓励出口的高科技产品等 | 出口退税率由 13% 提高到 17% |
| | （二）部分以农产品为原料的加工品 | 出口退税率由 5% 或 11% 提高到 13% |

资料来源：《关于调整部分商品出口退税率和增补加工贸易禁止类商品目录的通知》（财税〔2006〕139 号）。

　　出口退税率的下调和对产业结构的优化调整效应，至 2007
年出口退税政策改革，达到一个顶峰。为了进一步平衡贸易顺
差、减少贸易摩擦、抑制出口过快增长、优化产业结构、转变经
济增长方式、抑制"两高一资"产品出口，经国务院批准，财
政部、国家发展改革委、商务部、海关总署、国家税务总局发布
了《财政部 国家税务总局关于调低部分商品出口退税率的通知》
（财税〔2007〕90 号），通知规定自 2007 年 7 月 1 日起，再次分
类调整有关商品的出口退税率，包括 553 项"两高一资"产品
的出口退税被取消、2268 项易引起贸易摩擦商品的出口退税率
被不同程度地降低，以及 10 项出口商品得到出口免税待遇，具
体如表 3 - 5 所示。

表 3 - 5　2007 年出口退税率调整的主要内容

| 类别 | 企业及货物类型 | 退税方法 |
|------|----------------|----------|
| 第一类 | （一）濒危动物、植物及其制品 | 取消出口退税 |
| | （二）盐、溶剂油、水泥、液化丙烷、液化丁烷、液化石油气等矿产品 | |
| | （三）肥料（除已经取消退税的尿素和磷酸氢二铵） | |
| | （四）氯和染料等化工产品（精细化工产品除外） | |
| | （五）金属碳化物和活性炭产品 | |
| | （六）皮革 | |
| | （七）部分木板和一次性木制品 | |
| | （八）一般普炭焊管产品（石油套管除外） | |
| | （九）非合金铝制条杆等简单有色金属加工产品 | |
| | （十）分段船舶和非机动船舶 | |

| 类别 | 企业及货物类型 | 退税方法 |
|---|---|---|
| 第二类 | （一）植物油 | 出口退税率下调至5% |
| | （二）部分化学品 | 出口退税率下调至9%或5% |
| | （三）塑料、橡胶及其制品 | 出口退税率下调至5% |
| | （四）箱包及其他皮革、毛皮制品 | 出口退税率分别下调至11%和5% |
| | （五）纸制品 | 出口退税率下调至5% |
| | （六）服装 | 出口退税率下调至11% |
| | （七）鞋帽、雨伞、羽毛制品等 | 出口退税率下调至11% |
| | （八）部分石料、陶瓷、玻璃、珍珠、宝石、贵金属及其制品 | 出口退税率下调至5% |
| | （九）部分钢铁制品（石油套管除外） | 出口退税率下调至5% |
| | （十）其他贱金属及其制品（除已经取消和本次取消出口退税商品以及铝箔、铝管、铝制结构体等） | 出口退税率下调至5% |
| | （十一）刨床、插床、切割机、拉床等 | 出口退税率下调至11% |
| | （十二）柴油机、泵、风扇、排气阀门及零件、回转炉、焦炉、缝纫机、订书机、高尔夫球车、雪地车、摩托车、自行车、挂车、升降器及其零件、龙头、钎焊机器等 | 出口退税率下调至9% |
| | （十三）家具 | 出口退税率下调至11%或9% |
| | （十四）钟表、玩具和其他杂项制品等 | 出口退税率下调至11% |
| | （十五）部分木制品 | 出口退税率下调至5% |
| | （十六）粘胶纤维 | 出口退税率下调至5% |
| 第三类 | 花生果仁、油画、雕饰板、邮票、印花税票等 | 改为出口免税 |

资料来源：《财政部 国家税务总局关于调低部分商品出口退税率的通知》（财税〔2007〕90号）。

具体而言，由2006年和2007年的出口退税政策改革，我们可以更加清楚地看到，出口退税政策不再仅仅服务于国际收支平衡的目标，而是服务于更加多元化的目标体系，加入了对出口规模的控制和产业结构的优化。与2004年改革相比，产业结构优化目标更加明确，各不同行业不同档次出口退税率之间的差距也拉大了，出口退税率调整的幅度和力度也加强了。王晓雷（2008）认为："连续两年（2006年、2007年）对出口退税政策进行大幅度调整，相当大幅度对出口退税率进行下调，自1985年我国实施出口退税政策以来还是第一次。"在如此之大的调整力度下，2006年和2007年中国出口的增长速度明显放缓：2006年我国出口的环比增长率为27.2%，比上一年下降了1.2个百分点；2007年出口环比增长率下降到25.7%，比上一年下降了1.5个百分点。此外，2006年之前，我国出口的月度环比增长速度为30%～40%，但2007年7月调整之后，下降到20%左右的水平（王晓雷，2008）。

我们在这里简要分析2006年、2007年出口退税政策改革对产业结构的影响。我们挑出几类具有代表性的产品来简要分析它们占出口份额的变动情况，如图3-5所示。

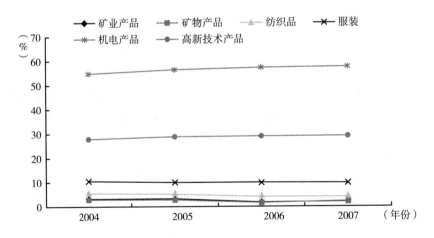

**图3-5  2004～2007年六类产品出口占总出口份额变化**

资料来源：《中国统计年鉴2009》。

机电产品虽然出口退税率已经降低，但增长势头依旧。我国重点调整的资源型产品，如矿业产品、矿物产品等，经过4年出

口退税政策的抑制，占我国总出口份额的比重已经由 2004 年的
2.8% 下降到 2007 年的 1.9%；此外，容易引起贸易摩擦的纺织
品和服装等，2004～2007 年分别下降了将近 1 个百分点。至于
鼓励出口的高新技术产品，2004～2006 年，其所占比重有明显
增长，从 27.9% 上升到 29.0%，2007 年所占份额稍微回落至
28.6%，但总体来说还是有实质性的增长。同时，2004～2007
年，劳动密集型产品出口占工业制成品出口的比重从 46.50% 下
降到 44.69%，劳动密集型产品占总出口的比重也从 43.32% 下
降到 42.43%。实证检验结果也显示，2006 年和 2007 年的出口
退税政策在优化出口产业结构方面的影响是显著的（王晓雷，
2008；杨雄飞等，2009）。

　　客观而言，我国 2006 年、2007 年两年大规模、强力度的出口退
税政策调控，对出口规模和外汇收入的抑制作用相当强，甚至过强，
但在全球经济景气背景下，这种抑制政策并不会对我国经济的健康
发展造成太大的影响，却能较好地调整经济结构。然而，从 2008 年
开始，全球金融危机浪潮来袭，我国的实体经济由于出口受阻受到
巨大影响，此时，2006 年、2007 年连续两年出口退税的负面抑制作
用开始显现，逐渐威胁我国经济的健康发展。因此，从 2008 年起，
中国政府重新调整了出口退税政策，开始灵活运用竞争性原则和经
济结构调整性原则相结合的方法，促进我国经济平稳、健康发展。

## 六　出口退税政策振兴阶段——灵活运用竞争性原则和调整性原则

　　从本阶段开始，在全球金融危机的浪潮中，我国实体经济受
到影响，特别是出口部门严重受阻。2008 年我国出口增长从上一
年的 25.68% 跌落到 17.48%，下降了 8.2 个百分点，工业制成品

出口的增长率也从上一年的 26.23% 跌落到 16.99%，下降 9.24 个百分点。出口作为拉动我国经济增长的三驾马车之一，受挫较大时严重影响了我国经济的平稳健康发展和劳动就业情况。同时，我国政府仍然保持着使用出口退税政策调整我国经济结构的目标，因此如何既坚持经济平稳发展，又坚持结构优化和调整的新目标，是 2008 年开始新一阶段出口退税政策调整所面临的新问题。

自 2008 年下半年开始，我国开始灵活运用竞争性和调整性原则，展开了新一轮的出口退税调整，逐渐提高了不同类别商品的出口退税率，其中以 2008 年 8 月 1 日小规模的部分纺织品、服装、竹制品的调整为开端。

2008 年 7 月，经国务院批准，财政部、国家税务总局颁布《财政部 国家税务总局关于调整纺织品服装等部分商品出口退税率的通知》（财税〔2008〕111 号）。通知规定，自 2008 年 8 月 1 日起，提高部分出口受阻商品，如纺织品、服装、竹制品等的出口退税率；同时，继续取消某些"两高一资"产品的出口退税率，具体如表 3 - 6 所示。与 2008 年年末的两次出口退税调整相比，这一次的调整规模和范围都较小。

表 3 - 6　2008 年 8 月 1 日出口退税率调整纲要

| 类别 | 企业及货物类型 | 退税方法 |
| --- | --- | --- |
| 第一类 | （一）部分纺织品、服装 | 出口退税率由 11% 提高到 13% |
| | （二）部分竹制品 | 出口退税率提高到 11% |
| 第二类 | 红松子仁、部分农药产品、部分有机胂产品、紫杉醇及其制品、松香、白银、零号锌、部分涂料产品、部分电池产品、碳素阳极 | 取消出口退税 |

资料来源：《财政部 国家税务总局关于调整纺织品服装等部分商品出口退税率的通知》（财税〔2008〕111 号）。

继 8 月小范围内调整了纺织品、服装、竹制品等的出口退税率之后，2008 年 10 月，经国务院批准，财政部、国家税务总局颁布了《关于提高部分商品出口退税率的通知》（财税〔2008〕138 号）。通知规定自 2008 年 11 月 1 日起，较大规模、较大范围上调 3468 种以劳动密集型商品为主的出口产品的出口退税率，具体内容如表 3 - 7 所示。

表 3 - 7　2008 年 11 月 1 日出口退税率调整纲要

| 类别 | 企业及货物类型 | 退税方法 |
|------|----------------|----------|
| 部分商品 | （一）部分纺织品、服装、玩具 | 出口退税率由 13% 提高到 14% |
| | （二）日用品及艺术陶瓷 | 出口退税率提高到 11% |
| | （三）部分塑料制品 | 出口退税率提高到 9% |
| | （四）部分家具 | 出口退税率提高到 11%、13% |
| | （五）艾滋病药物、基因重组人胰岛素冻干粉、黄胶原、钢化安全玻璃、电容器用钽丝、船用锚链、缝纫机、风扇、数控机床、硬质合金刀、部分书籍、笔记本 | 出口退税率分别提高到 9%、11%、13% |

资料来源：《关于提高部分商品出口退税率的通知》（财税〔2008〕138 号）。

继 11 月较大范围地调整了纺织品、玩具、日用品、陶瓷、塑料制品、家具等的出口退税率后，2008 年 11 月，经国务院批准，财政部、国家税务总局发布《关于提高劳动密集型产品等商品增值税出口退税率的通知》（财税〔2008〕144 号）。

《关于提高劳动密集型产品等商品增值税出口退税率的通知》规定，我国于 2008 年 12 月 1 日第三次提高出口商品的出口退税率，主要涉及 3770 项劳动密集型出口商品，具体如表 3 - 8 所示。

表 3 – 8　2008 年 12 月 1 日出口退税率调整纲要

| 类别 | 企业及货物类型 | 退税方法 |
|---|---|---|
| 劳动密集型产品 | (一)部分橡胶制品、林产品 | 出口退税率由 5% 提高到 9% |
| | (二)部分模具、玻璃器皿 | 出口退税率由 5% 提高到 11% |
| | (三)部分水产品 | 出口退税率由 5% 提高到 13% |
| | (四)箱包、鞋、帽、伞、家具、寝具、灯具、钟表等商品 | 出口税率由 11% 提高到 13% |
| | (五)部分化工产品、石材、有色金属加工材 | 出口退税率分别由 5%、9% 提高到 11%、13% |
| | (六)部分机电产品 | 出口退税率分别由 9%、11%、13% 提高到 11%、13%、14% |

资料来源：《关于提高劳动密集型产品等商品增值税出口退税率的通知》（财税〔2008〕144 号）。

继 2008 年 3 次规模和范围都逐渐扩大，涉及多种商品的出口退税率的调整之后，财政部、国家税务总局颁布《关于提高部分机电产品出口退税率的通知》（财税〔2008〕177 号）。通知规定，自 2009 年 1 月 1 日起，国家将提高部分机电产品的出口退税率，涉及 533 项技术含量和附加值较高的商品，具体内容如表 3 – 9 所示。

表 3 – 9　2009 年 1 月 1 日出口退税率调整纲要

| 类别 | 货物类型 | 退税方法 |
|---|---|---|
| 机电产品 | (一)航空惯性导航仪、陀螺仪、离子射线检测仪、核反应堆、工业机器人等产品 | 出口退税率由 13%、14% 提高到 17% |
| | (二)摩托车、缝纫机、电导体等产品 | 出口退税率由 11%、13% 提高到 14% |

资料来源：《关于提高部分机电产品出口退税率的通知》（财税〔2008〕177 号）。

2009 年 2 月初，财政部、国家税务总局发布《关于提高纺织品服装出口退税率的通知》（财税〔2009〕14 号），继续调整纺织品和服装的出口退税率。通知规定，自 2009 年 2 月 1 日起将纺织品、服装出口退税率提高到 15%。

一个月之后，财政部、国家税务总局继续调整轻纺、电子信息等商品的出口退税率，颁布《关于提高轻纺、电子信息等商品出口退税率的通知》（财税〔2009〕43 号）。通知规定，自 2009 年 4 月 1 日起，不同程度提高轻工、钢铁、有色金属、化工制品、电子信息等商品的出口退税率，具体如表 3 – 10 所示。

表 3 – 10 　 2009 年 4 月 1 日出口退税率调整纲要

| 类别 | 企业及货物类型 | 退税方法 |
|---|---|---|
| 轻纺、电子信息、化工制品等商品 | （一）CRT 彩电、部分电视机零件、光缆、不间断供电电源（UPS）、有衬背的精炼铜制印刷电路用覆铜板等 | 出口退税率提高到 17% |
| | （二）纺织品、服装 | 出口退税率提高到 16% |
| | （三）六氟铝酸钠等化工制品、香水等香化洗涤、聚氯乙烯等塑料、部分橡胶及其制品、毛皮衣服等皮革制品、信封等纸制品、日用陶瓷、显像管玻壳等玻璃制品、精密焊钢管等钢材、单晶硅片、直径大于等于 30 厘米的单晶硅棒、铝型材等有色金属材、部分凿岩工具、金属家具等 | 出口退税率提高到 13% |
| | （四）甲醇、部分塑料及其制品、木制相框等木制品、车辆后视镜等玻璃制品等 | 出口退税率提高到 11% |
| | （五）碳酸钠等化工制品、建筑陶瓷、卫生陶瓷、锁具等小五金、铜板带材、部分搪瓷制品、部分钢铁制品、仿真首饰等 | 出口退税率提高到 11% |
| | （六）次氯酸钙及其他钙的次氯酸盐、硫酸锌 | 出口退税率提高到 5% |

资料来源：《关于提高轻纺、电子信息等商品出口退税率的通知》（财税〔2009〕43 号）。

两个月之后，经国务院批准，财政部、国家税务总局颁布《关于进一步提高部分商品出口退税率的通知》（财税〔2009〕88 号），通知规定自 2009 年 6 月 1 日起，进一步提高部分农产品、医药、钢材、工业制成品的出口退税率，涉及我国 2600 多项商品，主要属于我国具有竞争力优势的产品、劳动密集型产品、高新技术产品和深加工产品，具体内容如表 3–11 所示。

表 3–11　2009 年 6 月 1 日出口退税率调整纲要

| 类别 | 企业及货物类型 | 退税方法 |
|---|---|---|
| 部分商品 | （一）电视用发送设备、缝纫机等 | 出口退税率提高到 17% |
| | （二）罐头、果汁、桑丝等农业深加工产品，电动齿轮泵、半挂车等机电产品，光学元件等仪器仪表，胰岛素制剂等药品，箱包，鞋帽，伞，毛发制品，玩具，家具等商品 | 出口退税率提高到 15% |
| | （三）部分塑料、陶瓷、玻璃制品，部分水产品，车削工具等商品 | 出口退税率提高到 13% |
| | （四）合金钢异性材等钢材、钢铁结构体等钢铁制品、剪刀等商品 | 出口退税率提高到 9% |
| | （五）玉米淀粉、酒精 | 出口退税率提高到 5% |

资料来源：《关于进一步提高部分商品出口退税率的通知》（财税〔2009〕88 号）。

从表 3–11 中我们看到，与前六次出口退税率调整相比，箱包、鞋帽、玩具、机电等属于出口量大、贸易敏感程度高的劳动密集型产品也开始受到重视和扶植，罐头、果汁等深加工产品的出口退税率也从 13% 提高到 15%，这意味着中国政府想通过推动劳动密集型产品的生产和出口，来缓解我国的就业压力。

至此，中国政府 2008～2009 年七次上调出口退税率，为了扶植我国出口企业面对国际金融危机的冲击，度过这段艰难时期；同时也是出于民生角度考虑，为了保证就业稳定。此外，这一阶段的出口退税调整，有一个显著特征——调整并非一步到位，而是逐次逐步、分批渐进式调整，齐俊研等（2010）认为这种多次小幅提高的调整方式反映出中国政府对此的审慎态度。这七次调整涉及的商品范围很广，如 2008 年 11 月的调整，涉及商品 3468 项；12 月的调整，涉及商品 3770 项。

同时，促进产业结构优化和抑制"两高一资"产品的生产和出口的思想仍然贯穿七次出口退税率调整。因此，调控中对不同商品仍然给予差别对待的出口退税率，各商品的反应各有不同，也有较为相似的地方，我们选取服装及衣着附件，纺织纱线、织物及制品，机电产品，高新技术产品及钢材来具体分析变动情况，如图 3 - 6 所示。

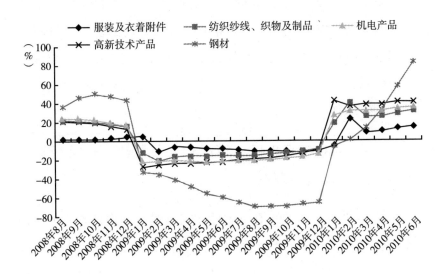

**图 3 - 6　几类产品 2008 年 8 月至 2010 年 6 月同比月增长率变化**

资料来源：中华人民共和国海关总署综合统计司统计数据，http：// www. customs. gov. cn/publish/portal0/tab4370/module3760/page7. htm。

（1）五类产品在 2008 年都保持了正的增长率，2009 年整年几乎都维持上年同比负增长，但在 2010 年后，开始出现正增长，至 2010 年 5 月、6 月，已经出现恢复性增长。

（2）五类出口商品中，服装及衣着附件月增长率变动最为平缓，钢材的变动幅度最大，纺织纱线、织物及制品，机电类、高新技术类商品的出口变动较为相似。

（3）我国出口退税率的提高并未根本扭转我国出口下降问题，但防止了出口的进一步恶化。

当然，也有一些经济学家对如此频繁地调整出口退税政策提出了异议，中欧国际工商学院经济学与金融学教授许小年就认为，频繁调整的出口退税政策给企业带来了过高的调整成本，甚至可能出现调整成本高于企业收益。[①] 同时，全球性金融危机本身对各企业而言是一次资本重置，是整个社会"大洗牌"的机会（刘盈曦等，2010），但国家给予的过强力度的保护，则可能阻碍部分过剩产能的调整和收缩，不利于我国贸易结构调整和产业结构优化。此外，七次提高出口退税率、大量退税的背后是政府财政负担的加剧。

## 七　自 2010 年起出口退税深化发展阶段——灵活运用竞争性原则和调整性原则

如图 3-7 所示，2009 年 5 月出口月增长达到最低点，上年同比增长率为 -26.43%，但是至 2009 年 11 月，出口开始出现恢复性增长，同比月增长率上升到 -1.18%，并于 12 月开始出现正增

---

① 国研网宏观经济研究部：《专家：出口退税政策调整对当前外贸的影响》，http：//www.fgw.gov.cn/fgwjsp/shzj_content.jsp？docid=331816&channelid=397，2009-07-21。

长，至 2010 年 5 月出现了大幅度的恢复性增长，出口月增长达到
48.44%。这说明至 2010 年 5 月，全球性金融危机对中国实体经济
影响最大的冲击时期已经过去，继续维持较高出口退税率的支持
出口性政策的必要性逐渐淡化，而调整内需、压缩过剩产能（特
别是低附加值产业的产能）、优化自身产业结构的需要凸显。

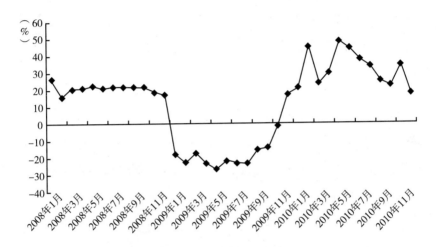

**图 3 - 7　我国 2008 年 1 月至 2010 年 11 月
出口月增长率（上年同比）**

资料来源：中华人民共和国海关总署综合统计司统计数据，http://
www. customs. gov. cn/publish/portal0/tab4370/module3760/page7. htm。

　　因此，作为之前连续七次提高出口退税率的逆向操作，经国
务院批准，财政部、国家税务总局发布《关于取消部分商品出
口退税的通知》（财税〔2010〕57 号），具体内容如表 3 - 12 所
示。通知规定，自 2010 年 7 月 15 日起，取消我国 406 种商品的
出口退税，特别是低附加值产品、"两高一资"产品的出口退
税。这一方面体现我国宏观经济走势进入较平稳阶段；另一方面
则说明中国政府继续调整产业结构，限制"两高一资"产品生
产和出口的政策走向并没有改变。

表 3 - 12    2010 年 7 月 15 日出口退税率调整纲要

| 类别 | 企业及货物类型 | 退税方法 |
|---|---|---|
| 部分商品 | (一)部分钢材 | 取消出口退税 |
| | (二)部分有色金属加工材 | |
| | (三)银粉 | |
| | (四)酒精、玉米淀粉 | |
| | (五)部分农药、医药、化工产品 | |
| | (六)部分塑料及制品、橡胶及制品、玻璃及制品 | |

资料来源：《关于取消部分商品出口退税的通知》（财税〔2010〕57 号）。

2010 年的这次出口退税率调整，其力度相当于 2007 年出口退税率调整的 1/7，属于比较温和的调整力度，但目标是非常明确的，主要针对高污染、高耗能、资源型产品的生产和出口，推动节能减排和促进产业结构的调整。

继 2010 年出口退税率调整后，国家税务总局 2011 年发布了《关于调整出口退税率文库的通知》（货便函〔2011〕130 号），在 2010 年出口退税率调整的基础上调整了氢化、酯化或反油酸化动物油、脂，动物油脂制造的起酥油，其他混合制成的动物质食用油脂或制品，粗甘油、甘油水及甘油碱液等商品的出口退税率。具体内容如表 3 - 13 所示。

表 3 - 13    2011 年 8 ~ 10 月出口退税率调整纲要

| 序号 | 商品编码 | 名称 | 调整情况 | | 执行时间 |
|---|---|---|---|---|---|
| | | | 征税率 | 退税率 | |
| 1 | 1518000000 | 化学改性的动、植物油、脂 | 17% | 15% | 2011 年 8 月 1 日起 |
| 2 | 1516100000 | 氢化、酯化或反油酸化动物油、脂 | 17% | 15% | 2011 年 10 月 1 日起 |
| 3 | 1517901001 | 动物油脂制造的起酥油 | 17% | 15% | |

| 序号 | 商品编码 | 名称 | 调整情况 | | 执行时间 |
|---|---|---|---|---|---|
| | | | 征税率 | 退税率 | |
| 4 | 1517909001 | 其他混合制成的动物质食用油脂或制品 | 17% | 15% | |
| 5 | 1520000000 | 粗甘油、甘油水及甘油碱液 | 17% | 15% | |

资料来源:《关于调整出口退税率文库的通知》(货便函〔2011〕130号)。

## 八　本节小结

通过对我国历年退税政策调整的梳理,我国的出口退税政策分别经历了改革开放前雏形阶段、改革开放后初步形成阶段、按公平税负原则调整确立阶段、按竞争性原则发展阶段、按调整性原则完善阶段、灵活运用竞争性原则和调整性原则振兴阶段及灵活运用竞争性原则和调整性原则深化发展阶段,即经历了从雏形开始,逐渐发展确立,进而开始根据经济需要不断调整,最终确立灵活运用竞争性原则和调整性原则,不断深化发展出口退税的阶段。

因此,出口退税政策的功能,也从最初单纯的"征多少,退多少"保持税赋公平,逐渐发展到推动我国出口发展、优化出口商品结构,最终演变到平衡我国对外贸易和优化我国产业结构。

## 第二节　出口退税的国际比较

在分析了我国出口退税机制的演变后,我们也简要比较分析一下其他国家现行的出口退税政策。

这一小节中，我们通过对比法国、英国、意大利、希腊、印度和韩国的出口退税涉及的相关因素，发现出口退税已成为各国为实现公平贸易和鼓励出口的通行政策，欧盟国家多采用"零税率"的公平贸易原则，亚洲国家则偏向鼓励出口的非中性原则。在出口退税的产业结构优化效应方面，目前各国的出口退税政策对各类出口商品都是给予一视同仁的相同的出口退税率，并没有考虑对不同产业给予不同退税率而优化产业结构的问题。

因此，差异性出口退税政策也可以称为有中国特色的出口退税政策，与我国产业升级、调整消化过剩产能、促进产业绿色化、走科学发展的道路紧密结合，是符合我国宏观经济调整和发展的需要的。

## 一　各国出口退税政策的比较

我们首先简要对比法国、英国、意大利、希腊、印度和韩国的出口退税涉及的相关因素，包括退税对象、出口退税率、退税运作方式和审核保障措施等，具体对比内容如表3 – 14所示。

**表3 – 14　各国出口退税政策比较**

| 国家 | 退税对象 | 出口退税率 | 退税运作方式 | 审核保障措施 |
|------|---------|-----------|------------|------------|
| 法国 | 生产商、出口商、代理商、外国旅客的私人行李物品和托运出境物品，外国采购商在本国境内直接采购行为 | 征税率 | 全额免税购买为主，免抵退为辅 | 对退税企业进行基于风险分析表的风险评估，根据风险大小选择审核程序的长短 |
| 英国 | 各类出口商品及劳务，外国旅客、外国采购商于本国境内采购的商品 | 征税率 | (1)出口企业免抵退；(2)专业出口公司"免税采购" | 建立风险评估系统，企业自主申报纳税，海关税务署重点稽查 |

| 国家 | 退税对象 | 出口退税率 | 退税运作方式 | 审核保障措施 |
|---|---|---|---|---|
| 意大利 | 生产商、出口商、代理商、外国旅客的私人行李物品和托运出境物品，外国采购商在本国境内直接采购行为 | 征税率 | (1)生产企业免抵退；(2)进出口商的限额免抵退 | 基于财政部的信息中心网络进行信息监控，由海关、财政警察和税务检查汇总中心联合检查出口企业 |
| 希腊 | 各类出口商品及劳务，外国旅客、外国采购商于本国境内采购的商品 | 征税率 | (1)生产企业自营出口免抵退；(2)外贸出口免税采购；(3)新、小企业先征后退 | 计算机、专家审核与个案调查相结合的审核方式 |
| 印度 | 出口企业出口的商品及劳务 | 一般退税率或特别退税率 | 有条件的免税采购与先征后退相结合 | 审核与个案调查相结合的审核方式 |
| 韩国 | 制造商自营出口、委托代理出口、出口商买断出口 | 增值税税率，并退还其他7种 | 免抵退 | 属于增值税常规管理 |

表3－14是各国出口退税政策比较，具体比较了法国、英国、意大利、希腊、印度和韩国的出口退税涉及的相关因素，从中我们可以总结出以下几点。

## 二　出口退税已成为各国为实现公平贸易和鼓励出口的通行政策

出口退税已被各WTO成员方广泛使用，体现出WTO非歧视性待遇原则、促进公平竞争与公平贸易原则和降低市场准入条件的原则。此外出口退税已经成为一项各国在不违背公平竞争原则前提下，为鼓励出口而广泛采用的贸易措施，成为一项国际惯例。

## 三 欧盟国家多采用"零税率"的公平贸易原则，亚洲国家则偏向鼓励出口的非中性原则

法国、英国、意大利、希腊等欧盟国家，对出口商品和出口劳务基本采用的是"零税率"的出口退税政策，以避免双重征税，实现在国际市场上的公平竞争和自由贸易。

亚洲国家，如韩国、中国、印度等，则偏向非中性出口退税政策，即出口退税的政策目标除了公平贸易外，还有促进出口增长、拉动国内经济发展。以韩国为例，它自 20 世纪 90 年代开始，采取了出口导向型的经济发展战略，而出口退税政策成为推动出口扩张的主要政策工具之一。韩国的出口退税政策使用范围较广，除了退还出口商品在本国生产流通过程中所缴纳的增值税外，还对进料加工再出口的商品退还进口部件进口时所缴纳的进口关税，此外，还退还临时进口附加税、特别消费税、酒税、交通税、农渔村特别税、教育税六种税。

## 四 各国的出口退税政策在优化产业结构方面的比较

从表 3 - 14 中，我们可以看到，目前各国的出口退税政策对各类出口商品都是给予一视同仁的相同的出口退税率，并没有对不同产业给予不同退税率的概念。从出口退税的影响方面，仅仅考虑了国际贸易的公平竞争问题或是鼓励出口的作用，并未更进一步考虑对不同产业产品给予不同的出口退税率，引致出口商品结构、各产业间比例变动，促进一国总体产业结构的优化升级的问题。

目前仅仅中国在考虑使用差异性退税政策来优化产业结构，

因此差异性出口退税政策也可以称为有中国特色的出口退税政策，与我国产业升级、调整消化过剩产能、促进产业绿色化、走科学发展的道路紧密结合，是符合我国宏观经济调整和发展的需要的。

# 第三节　小结

在本章第一节中，首先对我国出口退税的机制演变进行了梳理，我国的出口退税政策分别经历了改革开放前雏形阶段、改革开放后初步形成阶段、按公平税负原则调整确立阶段、按竞争性原则发展阶段、按调整性原则完善阶段、灵活运用竞争性原则和调整性原则振兴阶段、灵活运用竞争性原则和调整性原则深化发展阶段，即经历了从雏形开始，逐渐发展确立，进而开始根据经济需要不断调整，最终确立灵活运用竞争性原则和调整性原则，不断深化发展出口退税的阶段。

出口退税政策的功能，也从最初单纯的"征多少，退多少"保持税赋公平，逐渐发展到推动我国出口发展、优化出口商品结果，最终演变到平衡我国对外贸易和优化我国产业结构。

在第二节中，简单比较了法国、英国、意大利、希腊、印度和韩国的出口退税制度，研究发现出口退税已成为各国为实现公平贸易和鼓励出口的通行政策，欧盟国家多采用"零税率"的公平贸易原则，亚洲国家则偏向鼓励出口的非中性原则。此外，目前仅有中国在考虑使用差异性退税政策来优化产业结构，因此差异性出口退税政策也可以被称为有中国特色的出口退税政策，是符合我国宏观经济调整和发展的需要的。

# 第四章　出口退税对产业调整及
## 优化的影响路径

　　本章使用一般均衡模型和国际宏观经济学中的 2×2×1 模型相结合的方法，基于赵志钜（Chao, Chi-Chur）的一般均衡模型进行扩展，构建出口退税的产业结构优化效应模型，较为系统地分析了出口退税对出口产业的影响途径，更清楚、具体地了解出口退税如何影响出口产业以及出口退税的产业结构优化效应。

## 第一节　模型框架构建

　　首先，我们使用一般均衡模型和国际宏观经济学中的 2×2×1 模型相结合的方法，基于赵志钜（Chao, Chi-Chur）的一般均衡模型进行扩展（Chao 等，2001；Chao 等，2006），引入一个出口退税率进行分析，构建出口退税的产业结构优化模型框架（我们将会在第五章中进一步分析此模型），在此基础上分析出口退税的五个影响路径的作用机制。

## 一　基本框架

假设本国生产两种最终产品，可出口品 $A$ 和可进口品 $B$ ，$A$ 是目前处于成熟期的行业，属于国内支柱产业，大量向外国出口；在 $A$ 和 $B$ 的生产过程中，都需要投入一种合成中间品 $M$ 。为了简要说明问题，假设 $A$ 产品属于本国大量存在的，进口重要器件组装后再出口行业及"两高一资"的出口产品，资本劳动比低于中间产品 $M$ ；$B$ 产品属于国际高端产品，资本劳动比高于中间产品 $M$ ，自然也高于 $A$ 。合成中间品 $M$ 的生产函数如下式所示：

$$M = f(M_d, M_f) = M_d^\alpha M_f^{1-\alpha} \qquad (4-1)$$

其中，$M_d$ 代表合成生产中间产品 $M$ 所使用的国内中间材料，$M_f$ 为需要使用的国外进口材料，取 $M$ 的单位价格为 $m$ ，$M_d$ 的单位价格为 $m_d$ ，$M_f$ 的单位价格为 $m_f$ ，设 $m$ 为柯布－道格拉斯的特殊形式，表示如下：

$$m = \delta m_d^\alpha m_f^{1-\alpha} \qquad (4-2)$$

其中，$\delta = \alpha^\alpha (1-\alpha)^{(1-\alpha)}$ $(0 \leqslant \alpha \leqslant 1)$ ；$m_f = m_f^* + t$ ，$m_f^*$ 是进口 $M_f$ 的国际价格，$t$ 是进口时所交的进口关税。为了简单化处理，设 $A$ 产品的生产函数为固定系数函数；$B$ 产品为基准计价单位（numeraire），价格为 1 ；则产品 $A$ 、产品 $B$ 及 $M_d$ 的生产函数为：

$$Q_A = Q_A(L_A, M_A, K_A) = \min(L_A, M_A, K_A) \qquad (4-3)$$
$$Q_B = Q_B(L_B, K_B) \qquad (4-4)$$
$$M_d = M_d(L_m, K_m) \qquad (4-5)$$

其中，$K_A$ 、$K_B$ 和 $K_m$ 分别为投入生产产品 $A$ 、产品 $B$ 及 $M_d$

的资本量，$L_A$、$L_B$ 和 $L_m$ 分别为投入生产产品 $A$、产品 $B$ 及 $M_d$ 的劳动力。假设资本和劳动力要素能够自由流动，在充分就业条件下有：

$$L_A + L_B + L_m = L \tag{4-6}$$

$$K_A + K_B + K_m = K \tag{4-7}$$

其中，$L$ 和 $K$ 分别为劳动力和资本总量。

## 二 考虑关税 $t$ 和出口退税率 $\lambda$

假设本国进口关税税率为 $t$，且生产产品在各生产环节征收增值税和消费税的总税率也为 $t$，一般情况下 $0 < t < 1$。根据消费地征税原则，设置进口关税的目的是使进口品承担与国内产品相同的税赋负担，因此设置进口关税税率与消费税和增值税税率相同是合理的。设 $\lambda$ 为出口退税率，包括进口中间部件再出口的退税率和出口成品退还的增值税、消费税的税率，$0 \leqslant \lambda \leqslant t+1$。出口退税除退还生产过程中所缴纳的增值税和消费税外，还要退还生产过程中使用的进口材料所缴纳的进口关税，因此，需要计算每生产一单位中间产品 $M$，需要投入的进口材料或部件的比例。设 $\sigma$ 为生产每单位 $M$ 所需进口材料的比例，即：

$$
\begin{aligned}
\sigma &= \frac{M_f}{M} \\
&= \frac{\frac{1-\alpha mM}{m_f}}{M} = \frac{1-\alpha m}{m_f} \\
&= \frac{1-\alpha\delta m_d^\alpha m_f^{1-\alpha}}{m_f} = \delta(1-\alpha)\left(\frac{m_d}{m_f}\right)^\alpha
\end{aligned} \tag{4-8}
$$

其中，$\delta = \alpha^\alpha (1-\alpha)^{(1-\alpha)}$，因此有 $0 \leqslant \sigma \leqslant 1$；因此生产每单

位 A 所需缴纳的进口关税为 $t\sigma = t \times \dfrac{M_f}{Q_A}$，其中 $t$ 为进口关税税率。

设 A 的国内不含税价格为 $p$，则国内市场上的实际售价为 $p(1+t) = p + pt$，国外以本币计算的售价为 $p^*$（含税），这里不考虑汇率问题。对于生产产品 A 的厂商而言，国内实际有效价格，即每销售一单位 A 时厂商实际收入为 $p$；以本币计算的国外有效价格为 $p^* + \lambda t\sigma - pt + pt\lambda$，其中 $\lambda t\sigma$ 是包含在出口产品中的进口中间部件的出口退税额，$pt$ 是 A 产品在国内生产过程中所缴纳的间接税，包括增值税和消费税，$pt\lambda$ 是针对产品 A 的总体出口退税额。这里，还要假设在大国模型下，出口退税率 $\lambda$ 的变动将影响世界市场价格 $p^*$。在竞争性均衡时，必然有生产产品 A 的厂商不论在国内还是在国外销售，所获实际收入相同，即：

$$p = p^* + \lambda t\sigma - pt + pt\lambda = p^* + \lambda t\sigma + pt(\lambda - 1)$$
$$p[1 - t(\lambda - 1)] = p^* + \lambda t\sigma \qquad (4-9)$$

即当 $\lambda > t$ 时，出口退税发挥着出口补贴的作用。在竞争均衡条件下，单位价格＝边际成本，如下式所示：

$$p = K(w, m, r) = w + m + r \qquad (4-10)$$
$$1 = \phi(w, r) \qquad (4-11)$$
$$m_d = \chi(w, r) \qquad (4-12)$$

其中，$w$ 和 $r$ 是工资和利率，即单位劳动力价格和单位资本价格。根据包络定理，$\phi_w(\cdot)$ 和 $\phi_r(\cdot)$ 分别是生产一单位 $Q_B$ 所需的劳动投入量和资本投入量；$\chi_w(\cdot)$ 和 $\chi_r(\cdot)$ 是生产一单位 $M_d$ 所需投入的劳动量和资本量。根据成本函数（4-10）、（4-11）和（4-12），可以得到要素市场出清条件和中间产品市场的出清条件：

$$Q_A + \varphi_w(w, r)Q_B + \chi_w(w, r)M_d = L \qquad (4-13)$$

$$Q_A + \varphi_r(w,r)\dot{Q}_B + \chi_r(w,r)M_d = K \qquad (4-14)$$

$$\frac{\alpha mM}{m_d} = M_d \qquad (4-15)$$

## 第二节　出口退税对产业的影响路径

基于以上模型框架，可以较为系统地分析出口退税对出口产业的影响途径。研究发现，出口退税通过影响出口产业出口产品的进口中间部件价格、成本和利润、国际市场售价，及影响出口产业的资源配置效率、相关上游和下游产业规模，进而影响出口产业的产业发展。

### 一　中间产品价格

对于存在贸易保护的国家而言，出口退税能够使出口产业，特别是制造业，以国际市场价格获取进口部件，增强出口产品在国际市场上的竞争力，促进该国出口产业出口和发展。基辛（Keesing，1988）指出促进制造业发展的一个核心条件就是为出口部门提供在世界市场上快速、有效购买进口部件的渠道。若没有出口退税优惠，本国厂商在国际市场上购买进口部件时，必须支付进口税，最终只能以高于市场的价格在世界市场上购买进口部件，或者购买国内较为低等的类似部件。鉴于发展中国家的出口市场通常竞争激烈，无出口退税的本国厂商在竞争时处于劣势地位，一般难以争取到较大订单，出口受限。

因此，在仍然实行进口税的国家，出口退税是一种较为有效的消除进口税对出口产品的负面影响、消除进口税对出口产品中含有的进口部件价格抬高问题的方法。出口退税可以在维持一国贸易保护的同时，使本国厂商以国际市场的一般价格获取进口部件，维持本国出口产品在国际市场上的竞争力，促进出口产业的发展。

我们使用前面介绍的模型框架进行分析：对于包含进口中间部件的合成中间品 $M$ 而言，其生产函数如下所示：

$$M = f(M_d, M_f) = M_d^{\alpha} M_f^{1-\alpha} \qquad (4-1)$$

其中，$M_d$ 代表合成生产中间产品 $M$ 所使用的国内中间材料，$M_f$ 为需要使用的国外进口材料。再设 $\sigma$ 为生产每一单位中间产品 $M$ 所需进口材料的比例，即：

$$\sigma = \frac{M_f}{M} = \delta(1-\alpha)\left(\frac{m_d}{m_f}\right)^{\alpha} \qquad (4-8)$$

其中，$\delta = \alpha^{\alpha}(1-\alpha)^{(1-\alpha)}$，因此有 $0 \leqslant \sigma \leqslant 1$；因此生产每单位 $A$ 所需缴纳的进口关税为 $t\sigma = t \times \dfrac{M_f}{Q_A}$，其中 $t$ 为进口关税税率。

接下来，我们分析存在出口退税和不存在出口退税时的情况。设 $M$ 的单位生产价格为 $m$，$M_d$ 的单位价格为 $m_d$，$M_f$ 的单位价格为 $m_f$，设 $m$ 为柯布 - 道格拉斯的特殊形式，表示如下：

$$m = \delta m_d^{\alpha} m_f^{1-\alpha} \qquad (4-16)$$

此时，我们可以分析出口退税存在和不存在时，$M$ 单位生产价格 $m$ 的情况：

（1）无出口退税：

$$m_1 = \delta m_d^{\alpha} \left[ m_f^* + t \right]^{1-\alpha} \qquad (4-17)$$

（2）有出口退税：

$$m_2 = \delta m_d^{\alpha} \left[ (m_f^* + t)(1-\lambda) \right]^{1-\alpha} \qquad (4-18)$$

其中，$\delta = \alpha^{\alpha}(1-\alpha)^{(1-\alpha)}$ $(0 \leqslant \alpha \leqslant 1)$；$m_t = m_t^* + t$，$m_t^*$ 是

进口 $M_f$ 的国际价格，$t$ 是进口时所缴纳的进口关税。对比式（4 - 17）和式（4 - 18），显然可以得到：

$$m_1 = \delta m_d^{\alpha}[m_f(1+t)]^{1-\alpha} > m_2 = \delta m_d^{\alpha}[m_f(1+t)(1-\lambda)]^{1-\alpha}$$

$$m_1 > m_2 \qquad\qquad (4-19)$$

式（4 - 19）说明，当存在出口退税时，本国厂商能够以较低的价格获得进口中间部件，避免在面对国际竞争时处于不利地位，促进本国出口产业的发展。

## 二 成本和利润

出口退税有利于降低出口产品的成本，提高行业利润、产量和就业率，增强本国产品的国际竞争力，引致出口产业扩张。出口退税能够通过减少出口企业负担的成本来增强出口商品的国际竞争力（金兴健，2002），保证出口商品在国际市场上的竞争力和公平竞争的地位，这属于一种成本竞争的手段。因为"税收和利润，此消彼长"（刘小军，1999），对政策扶植产业给予较高出口退税率，能够提高该行业利润，引导生产资源更多地流向出口退税政策扶植的产业，推动这类出口产业的发展。同时，出口退税率的上调，带来成本的降低，振兴企业出口的信心和动力，在经济困难时，如面对国际金融危机时，有利于抑制一国不断下滑的出口形势，振兴出口产业的发展。这与我国宏观经济政策调控是相适应的。

以下我们基于前面介绍的模型框架进一步分析：出口商品 $A$ 的国内不含税价格为 $p$，在竞争均衡条件下，单位价格 = 边际成本，可以得到：

$$p = c$$
$$= K(w, m, r) = w + m + r \qquad (4-20)$$

其中，$w$ 和 $r$ 是工资和利率，即单位劳动力价格和单位资本价格，$m$ 为生产每单位产品 $A$ 所投入的中间产品 $M$ 的价格。除了产品 $A$ 的生产成本外，产品 $A$ 的总成本中，还需要考虑到税收的因素，即在生产过程中所缴纳的增值税和消费税等，因此，当产品 $A$ 出口外销且不考虑运输成本时，总成本为：

（1）无出口退税时：

$$
\begin{aligned}
C_T^1 &= p + pt \\
&= (w + m + r)(1 + t)
\end{aligned} \quad (4-21)
$$

（2）有出口退税时：

$$
\begin{aligned}
C_T^2 &= p + pt - pt\lambda - \lambda t\sigma \\
&= (w + m + r)(1 + t - \lambda) - \lambda t\sigma
\end{aligned} \quad (4-22)
$$

其中，$t$ 为本国进口关税税率和生产产品在各生产环节征收增值税和消费税的总税率，$0 < t < 1$。根据消费地征税原则，设置进口关税的目的是使进口品承担与国内产品相同的税赋负担，因此设置进口关税税率与消费税和增值税税率相同是合理的。$\lambda$ 为出口退税率，包括进口中间部件再出口的退税率和出口成品退还的增值税、消费税的税率，$0 \leqslant \lambda \leqslant t + 1$。$\sigma$ 为生产每单位 $M$ 所需进口材料的比例。因此，式（4-21）和式（4-22）中，$pt$ 是 $A$ 产品在国内生产过程中所上缴的间接税，包括增值税和消费税，$pt\lambda$ 是针对产品 $A$ 的总体出口退税额，$\lambda t\sigma$ 是包含在出口产品中的进口中间部件的出口退税额。对比式（4-21）和式（4-22），显然可以得到：

$$
\begin{aligned}
C_T^1 &= (w + m + r)(1 + t) > C_T^2 \\
&= (w + m + r)(1 + t - \lambda) - \lambda t\sigma
\end{aligned}
$$

$$
C_T^1 > C_T^2 \quad (4-23)
$$

式（4-23）说明有出口退税时，出口产品的成本低于无出口退税时的成本，即出口退税确实能够降低出口产品的单位成本，增强出口行业的竞争力，促进出口产业的发展。

出口退税率 $\lambda$ 降低时，出口退税额（ $pt\lambda + \lambda t\sigma$ ）随之减少，产品成本 $C_T^2$ 随之提高，利润随之降低，出口受抑，出口行业的产量和生产规模降低，出口行业发展受阻；反之，出口退税率 $\lambda$ 上升时，出口退税额（ $pt\lambda + \lambda t\sigma$ ）随之增加，产品成本 $C_T^2$ 降低，利润增加，出口扩张，出口行业的产量和生产规模提高，促进出口行业发展。

因此，出口退税能够通过降低出口产品的成本，提高利润，增强出口行业竞争力，推动出口行业的规模扩张和生产发展。

## 三　国际市场售价

出口退税能够确保本国出口品以不含税的价格参与国际市场竞争，保证本国厂商公平参与国际竞争，使出口厂商在国际市场的价格竞争中处于更加有利的地位，促进出口行业的发展和扩张。

以下我们基于前面介绍的模型框架进行分析：出口商品 $A$ 的国内不含税价格为 $p$ ，国内市场上的实际售价为：

$$p(1 + t) = p + pt \qquad (4 - 24)$$

其中， $t$ 是生产产品在各生产环节征收增值税和消费税的总税率，一般情况下 $0 < t < 1$ 。国外以本币计算的售价为 $p^*$ （含税），这里不考虑汇率问题。接下来，我们考虑实际有效价格，即每销售一单位 $A$ 厂商所获得的实际收入。当产品 $A$ 在国内销售时，厂商的实际收入是 $p$ ，在国外销售时，以本币计算的国外有效价格为：

（1）无出口退税时：

$$p_1^* - pt \qquad\qquad (4-25)$$

（2）有出口退税时：

$$p_2^* + \lambda t\sigma - pt + pt\lambda \qquad\qquad (4-26)$$

其中，$pt$ 是 $A$ 产品在国内生产过程中所上缴的间接税，包括增值税和消费税，$pt\lambda$ 是针对产品 $A$ 的总体出口退税额，$\lambda t\sigma$ 是包含在出口产品中的进口中间部件的出口退税额，即出口退税除退还生产过程所缴纳的增值税和消费税外，还要退还生产过程中使用的进口材料所缴纳的进口关税。$\sigma$ 为生产每一单位中间产品 $M$ 所需进口材料的比例，即：

$$\sigma = \frac{M_f}{M} = \delta(1-\alpha)\left(\frac{m_d}{m_f}\right)^{\alpha} \qquad\qquad (4-8)$$

其中，$\delta = \alpha^{\alpha}(1-\alpha)^{(1-\alpha)}$ ，因此有 $(0 \leqslant \alpha \leqslant 1)$ ；因此生产每单位 $A$ 所需缴纳的进口关税为 $t\sigma = t \times \dfrac{M_f}{Q_A}$ ，其中 $t$ 为进口关税税率。在竞争性均衡时，必然有生产产品 $A$ 的厂商不论在国内还是国外销售，所获实际收入相同，即：

（1）无出口退税时：

$$p = p_1^* - pt \qquad\qquad (4-27)$$

（2）有出口退税时：

$$p[1 - t(\lambda - 1)] = p_2^* + \lambda t\sigma \qquad\qquad (4-28)$$

即：

$$p_1^* = p + pt$$
$$p_2^* = p[1 - t(\lambda - 1)] - \lambda t\sigma = p + pt - pt\lambda - \lambda t\sigma$$

当国内价格不变时，我们可以得到：

$$p_1^* = p + pt > p_2^* = p[1 - t(\lambda - 1)] - \lambda t\sigma$$
$$= p + pt - pt\lambda - \lambda t\sigma$$
$$p_1^* > p_2^* \tag{4-29}$$

式（4-29）说明没有出口退税时，出口产品 $A$ 在国外市场上的售价 $p_1^*$ 将大于有出口退税时的国际市场价格 $p_2^*$，而 $p_2^*$ 扣除了出口品 $A$ 在国内生产时所缴纳的各种增值税和消费税，也同时扣除了生产产品 $A$ 中需要投入的中间产品 $M$ 中所包含的进口部件所缴纳的进口税，$p_2^*$ 是本国出口产品 $A$ 的出口厂商以不含税的价格进入国际市场销售的国际价格。因此，出口退税能够使出口厂商在国际市场的价格竞争中处于更加有利的地位，在国际贸易中获得更大的话语权，得到较大订单的机会也因此增高，有利于出口产业的发展。

## 四　资源配置效率

出口退税能够引起市场中生产要素（包括劳动力、资本和中间产品）的价格变动，引起要素在市场中的流通和重新分配，从而提高资源配置效率，促进出口退税产业发展。以下我们使用前面介绍的模型框架进行分析：根据式（4-10），式（4-9）可以变为：

$$w[1 - t(\lambda - 1)] + m[1 - t(\lambda - 1)] + r[1 - t(\lambda - 1)] = p^* + \lambda t\sigma \tag{4-30}$$

因为 $\sigma$ 不是常数，不能直接进行微分，同时根据式（4-8）可以得到：

$$\sigma = \frac{M_f}{M} = \delta(1 - \alpha)\left(\frac{m_d}{m_f}\right)^\alpha \tag{4-8}$$

可以有：

$$\delta = \sigma \frac{1}{1-\sigma}(\frac{m_d}{m_f})^{-\alpha}$$

代换得：

$$w[1 - t(\lambda - 1)] + \delta m_d^\alpha m_f^{1-\alpha}[1 - t(\lambda - 1)] +$$

$$r[1 - t(\lambda - 1)] = p^* + \lambda t\delta(1 - \alpha)(\frac{m_d}{m_f})^\alpha \quad (4-31)$$

对式（4-31）求对 $\lambda$ 的全微分，得：

$$\frac{dp^*}{d\lambda} + t\sigma + w + m + r =$$

$$[1 - t(\lambda - 1)]\left[\frac{dw}{d\lambda} + \frac{dr}{d\lambda} + \frac{dm_d}{d\lambda} \times \frac{\sigma\alpha}{m_d}\left(\frac{m_f}{1-\alpha} - t\lambda\right)\right] \quad (4-32)$$

同时，对式（4-6）和式（4-7）分别求全微分，得：

$$dm_d = \chi_w d_w + \chi_r d_r \quad (4-33)$$

$$0 = \varphi_w d_w + \varphi_r d_r \quad (4-34)$$

把式（4-33）和式（4-34）代入式（4-32）中，我们得到：

$$\frac{dp^*}{d\lambda} + t\sigma + w + m + r =$$

$$[1 - t(\lambda - 1)]\left[\frac{dw}{d\lambda} + \frac{dr}{d\lambda} + \frac{dm_d}{d\lambda} \times \frac{\sigma\alpha}{m_d}\left(\frac{m_f}{1-\alpha} - t\lambda\right)\right] \quad (4-35)$$

综合式（4-30）～（4-35）有：

$$\frac{dw}{d\lambda} = \frac{\Delta}{1 + t(1 - \lambda)}(\frac{dp^*}{d\lambda} + t\sigma + w + m + r)/\Pi \quad (4-36)$$

$$\frac{dr}{d\lambda} = -\frac{\varphi_w + A\varphi_m\chi_w}{1 + t(1 - \lambda)}(\frac{dp^*}{d\lambda} + t\sigma + w + m + r)/\Pi \quad (4-37)$$

$$\frac{d_{m_d}}{d_\lambda} = \frac{\chi_w\varphi_r - \chi_r\varphi_w}{1 + t(1 - \lambda)}(\frac{dp^*}{d\lambda} + t\sigma + w + m + r)/\Pi \quad (4-38)$$

其中，$\Delta = \varphi_r + A\varphi_m\chi_r > 0$，$A = \dfrac{m_f}{1-\alpha}\dfrac{\sigma\alpha}{m_d} > 0$，$\Pi = (\varphi_r - \varphi_w) +$

$A\varphi_m(\chi_r - \chi_w) + (\chi_w\varphi_r - \chi_r\varphi_w)\dfrac{\sigma\alpha}{m_d}\left(\dfrac{m_f}{1-\alpha} - t\lambda\right) > 0$。因为 λ 是出口

退税率，$0 \leqslant \lambda \leqslant t+1$，$t$ 是本国生产的产品在各生产环节征收增值税和消费税的总税率和进口关税税率，一般情况下，$0 < t < 1$，因此有 $[1 + t(1-\lambda)] > 0$。

根据假设，$A$ 产品属于本国大量存在的、进口重要器件组装后再出口行业及"两高一资"的出口产品，资本劳动比低于中间产品 $M$，即 $\dfrac{K_r}{K_m} < \dfrac{\chi_r}{\chi_w}$；$B$ 产品属于国际高端产品，资本劳动比高于中间产品 $M$，自然也高于 $A$，即 $\dfrac{\varphi_r}{\varphi_w} > \dfrac{\chi_r}{\chi_w} > \dfrac{K_r}{K_m}$。同时，因为产品 $A$ 的生产函数是一一对应的生产函数，根据式（4-10），有产品 $A$ 行业的资本劳动比 $\dfrac{K_r}{K_m} = 1$，因此可以得到：

$$\frac{\varphi_r}{\varphi_w} > \frac{\chi_r}{\chi_w} \Rightarrow \varphi_r\chi_w > \varphi_w\chi_r \Rightarrow \varphi_r\chi_w - \varphi_w\chi_r > 0 \qquad (4-39)$$

$$\frac{\varphi_r}{\varphi_w} > \frac{\chi_r}{\chi_w} > \frac{K_r}{K_m} = 1 \Rightarrow \begin{cases} \varphi_r > \varphi_w \\ \chi_r > \chi_w \end{cases} \Rightarrow \begin{cases} \varphi_r - \varphi_w > 0 \\ \chi_r - \chi_w > 0 \end{cases} \qquad (4-40)$$

接着，我们计算稳定性条件，参照韦斯顿（Winston，1981）[1]，对模型进行稳定点的动态化，得到如下方程组：

$$\dot{Q}_A = c_1[p - \sigma(w, m, r)]$$

---

[1] Winston W. C. "Production Externalities, Variable Returns to Scale, and the Theory of Trade", *International Economic Review*, 1981, 22（3）: pp. 511 - 525.

$$= c_1 \left[ \frac{p^* + \lambda t \delta (1 - \alpha)(m_d/m_f)^\alpha}{1 - t(\lambda - 1)} - \right.$$

$$\left. w - r - \delta m_d^{\alpha\alpha0} m_f^{1-\alpha} \right] \quad (4-41)$$

$$\dot{Q}_B = c_2 [1 - \varphi(w,r)] \quad (4-42)$$

$$\dot{M}_d = c_3 [m_d - \chi(w,r)] \quad (4-43)$$

$$\dot{w} = c_4 [Q_A + \varphi_w(w,r)Q_B + \chi_w(w,r)M_d - L] \quad (4-44)$$

$$\dot{r} = c_5 [Q_A + \varphi_r(w,r)Q_B + \chi_r(w,r)M_d - K] \quad (4-45)$$

$$\dot{m}_d = c_6 [\alpha m Q_A/m_d - M_d] \quad (4-46)$$

其中，变量上一点，表示该变量在其稳定点上对时间求导，$c_i$ 表示正的调整速度。在均衡值上对这个系统进行线性化，得到：

$$\begin{bmatrix} \dot{Q}_A \\ \dot{Q}_B \\ \dot{M}_d \\ \dot{w} \\ \dot{r} \\ \dot{m}_d \end{bmatrix} = \begin{bmatrix} 0 & 0 & 0 & -1 & & -1 \\ 0 & 0 & 0 & -\varphi_w & -\varphi_r & 0 \\ 0 & 0 & 0 & -\chi_w & -\chi_r & 1 \\ 1 & 1 & \Gamma_5 & \varphi_w & \varphi_r & 0 \\ \chi_w & \chi_r & -1 & \Gamma_2 & \Gamma_3 & 0 \\ \Gamma_3 & \Gamma_4 & 0 & 0 & 0 & \Gamma_6 \end{bmatrix} \begin{bmatrix} dQ_A \\ dQ_B \\ dM_d \\ dw \\ dr \\ dm_d \end{bmatrix} \quad (4-47)$$

其中，有：

$$\Gamma_1 = \frac{\sigma\alpha}{m_d} \times \left[ \frac{\lambda t}{1 - \lambda(\lambda - 1)} - \frac{m_f}{1 - \alpha} \right]$$

$$\Gamma_2 = \varphi_{ww} Q_B + \chi_{ww} M_d$$

$$\Gamma_3 = \varphi_{wr} Q_B + \chi_{wr} M_d$$

$$\Gamma_4 = \varphi_{rr} Q_B + \chi_{rr} M_d$$

$$\Gamma_5 = \alpha\delta m_d^{\alpha-1} m_f^{1-\alpha}$$

我们计算这个系统的主子式，用 $G_i$ 表示，得：

$$G_1 = G_2 = G_3 = G_4 = G_5 = 0 \quad (4-48)$$

$$G_6 = \left[ (\varphi_e - \varphi_w) + \Gamma_5 (\varphi_r \chi_w - \varphi_w \chi) \right] \times$$
$$\left[ (\varphi_e - \varphi_w) - \Gamma_2 (\varphi_r \chi_w - \varphi_w \chi) \right] \qquad (4-49)$$

为了保证 $G_6 > 0$，要求 $\Gamma_1 < 0$，可以推算出：

$$\lambda t - \frac{m_f}{1-\alpha} < 0 \qquad (4-50)$$

整理以上分析，可以得到：

$$\frac{dw}{d\lambda} = \frac{\Delta}{1 + t(1-\lambda)} \left[ \frac{dp^*}{d\lambda} + t(\sigma + w + m + r) \right] / \Pi > 0$$
$$(4-51)$$

$$\frac{dr}{d\lambda} = - \frac{\varphi_w + A\varphi_m \chi_w}{1 + t(1-\lambda)} \left[ \frac{dp^*}{d\lambda} + t(\sigma + w + m + r) \right] / \Pi < 0 \quad (4-52)$$

$$\frac{dm_d}{d\lambda} = \frac{\chi_w \varphi_r - \chi_r \varphi_w}{1 + t(1-\lambda)} \left[ \frac{dp^*}{d\lambda} + t(\sigma + w + m + r) \right] / \Pi > 0 \quad (4-53)$$

其中，$\Delta = \varphi_r + A\varphi_m \chi_r > 0$，$A = \frac{m_f}{1-\alpha} \times \frac{\sigma\alpha}{m_d} > 0$，$0\,\Pi = (\varphi_r -$

$\varphi_w) + A\varphi_m (\chi_r - \chi_w) + (\chi_w \varphi_r - \chi_r \varphi_w) \times \frac{\sigma\alpha}{m_d} \left( \frac{m_f}{1-\alpha} - t\lambda \right) > 0$。

式（4-51）说明，劳动力的价格会随着出口退税率的提高而提高，反之亦然；式（4-52）说明资本的价格，即利率会随着出口退税率的提高而降低，反之亦然；式（4-53）说明中间产品的价格也会随着出口退税率的提高而提高，反之亦然。总之，出口退税率的变动，引致生产要素（包括工资、利率和中间产品）价格的波动。

因此，出口退税引致市场中生产要素（包括劳动力、资本和中间产品）的价格变动，引起要素在市场中的流通和重新分配，从而提高资源配置效率，促进出口退税产业发展。

### 五　上游和下游产业规模

赵志钜（Chao，Chi-Chur）指出，由于出口退税率的变动能够引起劳动力、资本和中间产品等要素均衡价格的波动，从而扩张与出口退税产业相关的上游和下游产业，促进出口退税产业的发展（Chi-Chur Chao 等，2001）。

对于上游行业而言，它们为出口行业提供原材料和初级产品，同时提供劳动力、资本和中间产品，因此出口退税率的提高，带来出口行业的扩张，也会间接引致对原材料、初级产品、劳动力、资本和中间产品需求的增加，促进上游行业的生产扩张；反之，出口退税率的下降，出口行业发展受抑，则会间接引致上游提供各类生产要素和初级产品的行业需求减小。对于下游行业而言，出口退税率的提高，出口行业的扩张，间接引致出口扩张；反之，出口退税率下降，出口行业收缩，则出口受抑，出口量下降。

因此，出口退税政策的使用，不但能够影响单一产业的发展，而且能够扩张产业链，促进产业集群的发展。

## 第三节　小结

在本章中，针对目前理论界在此研究方面的不足，我们基于赵志钜的一般均衡模型（Chao，Chi-Chur，2001；2006）和国际宏观经济学中的模型相结合的方法，构建了出口退税的产业结构优化效应模型，力图从理论模型的角度，较为全面地分析出口退税对出口产业的影响途径。

具体而言，通过有效的出口退税渠道，厂商能以较为有利的价格获取进口中间部件，避免本国出口产业面对国际竞争时可能面对的不利环境，促进出口和行业发展扩张。首先，出口退税能够降低出口产品的成本，提高利润，增强出口行业竞争力，推动出口行业的规模扩张和生产发展；其次，出口退税能够使出口厂商在国际市场的价格竞争中处于更加有利的地位，在国际贸易中获得更大的话语权，得到较大订单的机会也因此增高，有利于出口产业的发展；再次，出口退税引致市场中生产要素（包括劳动力、资本和中间产品）的价格变动，引起要素在市场中的流通和重新分配，提高资源配置效率，促进出口退税产业发展；最后，出口退税政策的使用，不但能够影响单一产业的发展，而且能够扩张产业链，促进产业集群的发展。

总之，出口退税能够影响出口产业出口产品的进口中间部件价格、成本和利润、国际市场售价，以及影响出口产业的资源配置效率、相关上游和下游产业规模，进而影响出口产业的发展。因此，出口退税是一项有效的调整产业规模和产业结构的政策工具。

接下来的第五章，我们将在此基础上进一步研究出口退税的产业结构优化效应，构建较为系统的出口退税的优化效应模型，通过模型推导来探讨出口退税的优化效应的有效性问题。

# 第五章 出口退税的产业结构优化效应：模型分析

出口退税是一项有效的调整产业规模和产业结构的政策工具。在本章中，我们将进一步研究出口退税的产业结构优化效应，在第四章的模型分析框架下，继续使用赵志钜（Chao, Chi-Chur）的一般均衡模型和国际宏观经济学中的 $2 \times 2 \times 1$ 模型相结合的方法，构建出口退税的产业结构优化效应模型，通过模型推导来探讨出口退税的优化效应的有效性问题。

## 第一节 差异性出口退税机制的产业结构优化效应理论分析

鉴于现实中的市场经济是非完全竞争的，国际市场也存在各种关税壁垒，单纯强调出口退税的中性特征，依靠"征多少，退多少"的出口退税原则，并不符合经济现实；相反，若把出口扩张作为出口退税的政策目标，单方面注重经济量的增长和全面推动出口扩张的方式，以此推动经济发展，同样不合理。这种政策会间接强调价格竞争，扭曲企业的竞争目标和动力，易使出口企业忽视产品质量、技术创新和售后服务等非价格因素的竞争；同时容易造成整体经济价格扭曲、资源配置低效率和产业结构老化等问题。

鉴于非中性的出口退税不但能引起出口波动，还能影响出口产业，因此出口退税政策的目标设置应该与产业发展和产业结构优化联系起来。通过第四章的分析，我们了解到出口退税能够影响出口产品的进口中间部件价格、成本和利润、国际市场售价，及出口产业的资源配置效率、相关上游和下游产业规模，进而影响出口产业的发展。因此，出口退税是一项有效的调整产业规模和产业结构的政策工具，通过构建根据产业结构调整和优化目标，对不同行业设置不同出口退税率的差异性出口退税率制度，能够引导产业走向，防止重复建设，促进产业结构的优化升级。

## 一　实施差异性出口退税政策的重点目标和兼顾事项

### （一）实施差异性出口退税政策，重点在于引导产业走向和防止重复建设

实施差异性出口退税政策，对不同出口产品给予不同的出口退税率，除了应考虑国家的财政能力之外，最重要的和最终目的，是为了引导我国总体产业走向，推动结构优化和防止重复建设。随着我国经济发展，经济结构老化和重复建设问题日益凸显，一批已不再适应市场需求、竞争力低下，或者明显供大于求、徘徊在淘汰边缘的产业，仍然在靠出口退税的福利艰难维持。若继续不加区分地给予这些行业出口退税的高额优惠，将会延缓这些行业退出市场的时间，造成经济结构老化，也容易给予投资者错误的投资信息，引致重复建设的后果。而且，更为严重的是，这些老化产业将继续与新兴产业争夺生存空间和各类生产

资源，间接抑制新兴产业的发展和壮大，妨碍我国产业结构的优化和转型。

因此，根据不同的产业发展状况和未来发展前途，给予不同的出口退税率是科学合理的，这一方面可以鼓励有潜力的新兴产业发展壮大；另一方面也可以促使老化产业破产、退出市场，使生产资源流向新兴产业，把生存和发展的空间让给新兴产业，或者促使老化产业生产转型，积极技术创新和引进新技术、新工艺，提高产品中的技术含量，走可持续发展道路。

**（二）实施差异性出口退税政策，应兼顾国家财政承受能力**

国家财政收入的主要来源之一，就是税收收入，出口退税可以看成政府对其应有收入的让出，因此，在财政年度内，出口退税额与财政收入存在着负相关关系。财政收入是一国政府能够充分发挥其职能的保障，因此出口退税的额度应在政府可承受的范围内，以政府财政能力为前提，在保证政府充分发挥其功能的基础上，对出口产品实施差异性出口退税政策，推动出口发展和产业结构优化。

## 二　差异性出口退税政策的影响路径

出口退税能够作为实现一国产业战略的有效工具，促进产业结构的优化和升级，是因为出口退税能够通过中间产品价格、成本、国际市场售价、资源配置效率以及上游和下游产业五条直接路径直接影响出口产业；此外，还能通过出口商品结构、加工贸易结构和生产耗能三条间接路径影响一国产业结构。

**（一）出口退税对出口产业的直接影响路径**

根据第四章的分析，我们知道，出口退税对出口产业有以下五种直接的影响路径。

**1. 进口中间部件价格**

出口退税能够使存在贸易保护国家的出口产业，特别是制造业，以国际市场的公平价格获取进口部件。

**2. 成本和利润**

出口退税有利于降低出口产品的成本，提高行业利润、产量和就业率。

**3. 国际市场售价**

出口退税能够确保本国出口品以不含税的价格参与国际市场竞争，保证本国厂商参与国际竞争的公平性。

**4. 资源配置效率**

出口退税能够引起市场中生产要素（包括劳动力、资本和中间产品）的价格变动，引起要素在市场中的流通和重新分配。

**5. 扩张上游和下游产业**

出口退税率的变动能够引起劳动力、资本和中间产品等要素均衡价格的波动，引致与出口退税产业相关的上游和下游产业链以及产业集群规模的变动。

**（二）出口退税对产业结构的间接影响路径**

此外，出口退税对产业结构还有以下三种间接影响路径。

**1. 出口商品结构**

通过差异性出口退税率，适当降低甚至取消劳动密集型产品的出口退税率，逐步提高技术密集型产品的出口退税率，能够逐步调整优化出口商品的结构，引致产业结构优化升级。

**2. 加工贸易结构**

采用差异性出口退税政策，根据加工程度、技术含量和附加值水平的不同给予加工出口贸易品相应的不同的出口退税率，能够推进加工贸易产品和产业结构的优化升级。

3. 生产耗能

采取差异性出口退税政策，取消或降低"两高一低"的出口产品的出口退税待遇，能够促进节能减排，淘汰落后产能，推动我国经济增长方式从粗放型向集约型转变。

## 三　出口退税的产业结构优化机制的一般性分析

根据以上分析，出口退税能够通过中间产品价格、成本、国际市场售价、资源配置效率以及上游和下游产业五条直接路径直接影响出口产业，那么受到出口退税"偏爱"的产业，即获得较高出口退税率的国家产业政策扶植的支柱产业和有较好前景的新兴产业，能够以世界市场的一般价格获取中间加工部件，可在降低成本和国际市场售价的同时，获取较高的利润，并得到更有效率的配置资源，促进相关的上游和下游产业的发展，引致行业扩张；反之，受到出口退税政策"抑制"的产业，即获得较低出口退税率甚至零退税率的易引起贸易摩擦、产能过剩、生产低效的产业，只能以高于国际一般价格的"高价"购入中间投入部件，或购买质量较低的国内生产部件，以较高的价格在国际市场上销售，导致国际竞争力降低、利润下降、上游和下游相关产业收缩，引致行业收缩。

因此，出口退税的"偏爱"的将为产业带来行业扩张，而出口退税的"抑制"将引起行业收缩。此外，出口退税还能通过出口商品结构、加工贸易结构和生产耗能三条间接路径影响一国产业结构，当差异性出口退税政策设置合理有效时，能够优化出口商品结构、优化加工贸易结构并降低生产耗能，促进节能减排；反之，当差异性出口退税政策设置不合理时，或出口退税政策无差异时，将有碍出口商品结构、加工贸易结构的优化，并阻碍落后产能适时淘汰，妨碍经济由粗放型向集约型转变。

因此，出口退税可以作为实现一国产业发展战略的有效工具，兼顾国家财政承受能力，引导产业走向，防止重复建设，建立根据产业结构调整和优化的目标对不同行业设置不同出口退税率的差异性出口退税率制度：①对于产业内低加工、低技术投入、低附加值产业给予较低出口退税率，或不给予出口退税政策优惠，以促使这些行业收缩。②对产业内较高加工程度、较高技术投入和较高附加值产业给予较高的出口退税率，以促进这些行业扩张。③同时，对于容易引起贸易摩擦或应淘汰的落后产业，以及"高污染、高能耗、低附加值"的出口产品给予抑制性的出口退税率，或取消其出口退税待遇，抑制这类产业的发展和出口。

由此，通过实施差异性出口退税政策，优化三次产业之间的比例和工业产业内的比例，推动产业结构由劳动密集型、资本密集型产业占优向技术密集型产业占优演变；由低加工、低技术投入、低附加值产业占优向高加工、高技术投入、高附加值产业占优演变；促进节能减排，推动产业结构的低碳化和绿色化发展。

在实践中，出口退税的产业结构优化机制的有效性已被实证检验证实。亚洲新兴工业化国家和我国政府的政策实践与实证检验都显示出口退税的产业结构优化效应是显著的（John，2005；王晓雷，2008；杨雄飞等，2009），特别我国自 2004 年开始实施的差异性出口退税政策对产业结构的影响显著（郑桂环等，2005；王斐波等，2009）。

因此，当出口退税的产业结构优化机制有效时，实施差异性出口退税政策，能够引导产业走向、防止重复建设、促进总体产业结构的优化升级，达到优化产业结构的目的。

## 第二节 基本模型

—— 2 × 2 × 1 模型，引入一个出口退税率 $\lambda$

在本节中，我们将进一步研究出口退税的产业结构优化效应，在第四章的模型分析框架下，基于赵志钜（Chao，Chi-Chur）的一般均衡模型（Chao 等，2001；Chao 等，2006）和国际宏观经济学中的 2 × 2 × 1 模型进行扩展。假设在两种产品、两种要素、一种中间产品的 2 × 2 × 1 的模型中，引入出口退税率 $\lambda$，来分析出口退税率变动对不同部门，特别是对出口产业部门的影响。

### 一 基本模型框架（两个产品，两种要素，一种中间产品）

本章在第四章模型分析框架下，继续分析。因此，先简单介绍一下第四章模型的基本框架和部分结论。假设本国生产两种最终产品，可出口品 $A$ 和可进口品 $B$，$A$ 是目前处于成熟期的行业，属于国内支柱产业，且向国外大量出口；在 $A$ 和 $B$ 的生产过程中，都需要投入一种合成中间品 $M$。为了简要说明问题，假设 $A$ 产品属于本国大量存在的、进口重要器件组装后再出口及"两高一资"的出口产品，资本劳动比低于中间产品 $M$；$B$ 产品属于国际高端产品，资本劳动比高于中间产品 $M$，自然也高于 $A$。合成中间品 $M$ 的生产函数如下所示：

$$M = f(M_d, M_f) = M_d^\alpha M_f^{1-\alpha} \qquad (5-1)$$

其中，$M_d$ 代表合成生产中间产品 $M$ 所使用的国内中间材料，

$M_f$ 为需要使用的国外进口材料，取 $M$ 的单位价格为 $m$ ，$M_d$ 的单位价格为 $m_d$ ，$M_f$ 的单位价格为 $m_f$ ，设 $m$ 为柯布－道格拉斯的特殊形式，即：

$$m = \delta m_d^{\alpha} m_f^{1-\alpha} \qquad\qquad (5-2)$$

其中，$\delta = \alpha^{\alpha}(1-\alpha)^{(1-\alpha)}(0 \leqslant \alpha \leqslant 1)$ ；$m_t = m_t^* + t$ ，$m_t^*$ 是进口 $M_f$ 的国际价格，$t$ 是进口时所缴纳的进口关税。为了简化处理，设 $A$ 产品的生产函数为固定系数函数；$B$ 产品为基准计价单位（numeraire），价格为 1；则产品 $A$、产品 $B$ 及 $M_d$ 的生产函数为：

$$Q_A = Q_A(L_A, M_A, K_A) = \min(L_A, M_A, K_A) \qquad (5-3)$$
$$Q_B = Q_B(L_B, K_B) \qquad\qquad (5-4)$$
$$M_d = M_d(L_m, K_m) \qquad\qquad (5-5)$$

其中，$K_A$、$K_B$ 和 $K_m$ 分别为投入生产产品 $A$、$B$ 和 $M_d$ 的资本量，$L_A$、$L_B$ 和 $L_m$ 分别为投入生产产品 $A$、$B$ 和 $M_d$ 的劳动力。假设资本和劳动力要素能够自由流动，在充分就业条件下，有：

$$L_A + L_B + L_m = L \qquad\qquad (5-6)$$
$$K_A + K_B + K_m = K \qquad\qquad (5-7)$$

其中，$L$ 和 $K$ 分别为劳动力和资本总量。

## 二　考虑关税和出口退税率 $\lambda$

假设本国进口关税税率为 $t$ ，且生产产品在各生产环节征收增值税和消费税的总税率也为 $t$ ，一般情况下 $0 < t < 1$ 。根据消费地征税原则，设置进口关税的目的是使进口品承担与国内产品相同的税赋负担，因此设置进口关税税率与消费税和增值税税率相同是合理的。设 $\lambda$ 为出口退税率，包括进口中间部件再出口的退税率和出口成品退还的增值税、消费税的税率，$0 \leqslant \lambda \leqslant t+1$ 。

出口退税除退还生产过程中所缴纳的增值税和消费税外，还要退还生产过程中使用的进口材料所缴纳的进口关税，因此，需要计算每生产一单位中间产品 $M$，需要投入的进口材料或部件的比例。设 $\sigma$ 为生产每单位 $M$ 所需进口材料的比例，即：

$$
\begin{aligned}
\sigma &= \frac{M_f}{M} \\
&= \frac{\dfrac{[(1-\alpha)mM]}{m_f}}{M} = \frac{(1-\alpha)m}{m_f} \\
&= \frac{(1-\alpha)\delta m_d^{\alpha} m_f^{1-\alpha}}{m_f} = \delta(1-\alpha)m_d/m_f^{\alpha}
\end{aligned} \tag{5-8}
$$

其中，$\delta = \alpha^{\alpha}(1-\alpha)^{(1-\alpha)}$，因此有 $0 \leqslant \sigma \leqslant 1$；因此生产每单位 $A$ 所需缴纳的进口关税为 $t\sigma = t \times \dfrac{M_f}{Q_A}$，其中 $t$ 为进口关税税率。

设 $A$ 的国内不含税价格为 $p$，国内市场上的实际售价为 $p(1+t) = p + pt$，国外以本币计算的售价为 $p^*$（含税），这里不考虑汇率问题。对于生产产品 $A$ 的厂商而言，国内实际有效价格，即每销售一单位 $A$ 的厂商实际收入为 $p$；以本币计算的国外有效价格为 $p^* + \lambda t\sigma - pt + pt\lambda$，其中 $\lambda t\sigma$ 是包含在出口产品中的进口中间部件的出口退税额，$pt$ 是 $A$ 产品在国内生产过程中所上缴的间接税，包括增值税和消费税，$pt\lambda$ 是针对产品 $A$ 的总体出口退税额。这里，还要假设在大国模型下，出口退税率 $\lambda$ 的变动将影响世界市场价格 $p^*$。在竞争性均衡时，必然有生产产品 $A$ 的厂商不论在国内还是在国外销售，所获实际收入相同，即：

$$
p = p^* + \lambda t\sigma - pt + pt\lambda = p^* + \lambda t\sigma + pt(\lambda-1)
$$
$$
p[1 - t(\lambda-1)] = p^* + \lambda t\sigma \tag{5-9}
$$

当 $\lambda > t$ 时，出口退税发挥着出口补贴的作用。竞争均衡条件下，单位价格＝边际成本，即：

$$p = K(w,m,r) = w + m + r \qquad (5-10)$$

$$1 = \varphi(w,r) \qquad (5-11)$$

$$m_d = \chi(w,r) \qquad (5-12)$$

其中，$w$ 和 $r$ 是工资和利率，即单位劳动力价格和单位资本价格。根据包络定理，$\varphi_w(\cdot)$ 和 $\varphi_r(\cdot)$ 分别是生产一单位 $Q_B$ 所需的劳动投入量和资本投入量；$\chi_w(\cdot)$ 和 $\chi_r(\cdot)$ 是生产一单位 $M_d$ 所需投入的劳动量和资本量。根据成本函数（5-10）、（5-11）和（5-12），可以写出要素市场出清条件和中间产品市场的出清条件：

$$Q_A + \varphi_w(w,r)Q_B + \chi_w(w,r)M_d = L \qquad (5-13)$$

$$Q_A + \varphi_r(w,r)Q_B + \chi_r(w,r)M_d = K \qquad (5-14)$$

$$\frac{\alpha m M}{m_d} = M_d \qquad (5-15)$$

## 三 模型求解

根据第四章第二节资源配置效率中的分析，可以得到：

$$\frac{dw}{d\lambda} = \frac{\Delta}{1+t(1-\lambda)}\left[\frac{dp^*}{d\lambda} + t\sigma + w + m + r\right]/\Pi > 0 \quad (5-16)$$

$$\frac{dr}{d\lambda} = -\frac{\varphi_w + A\varphi_m\chi_w}{1+t(1-\lambda)}\left[\frac{dp^*}{d\lambda} + t\sigma + w + m + r\right]/\Pi < 0 \quad (5-17)$$

$$\frac{dm_d}{d\lambda} = \frac{\chi_w\varphi_r - \chi_r\varphi_w}{1+t(1-\lambda)}\left[\frac{dp^*}{d\lambda} + t\sigma + w + m + r\right]/\Pi > 0 \quad (5-18)$$

其中，$\Delta = \varphi_r + A\varphi_m\chi_r > 0$，$A = \dfrac{m_f}{1-\alpha} \times \dfrac{\sigma\alpha}{m_d} > 0$，$\Pi = (\varphi_r - \varphi_w) +$

$(\chi_w\varphi_r - \chi_r\varphi_w)\dfrac{\sigma\alpha}{m_d}\left(\dfrac{m_f}{1-\alpha} - t\lambda\right) > 0$。式（5-16）、（5-17）和

（5-18）说明出口退税的变动，会引起要素价格（包括工资、利率和中间产品价格）波动。

## 四　模型结果分析

我们需要进一步分析，出口退税率 $\lambda$ 的变动对出口产品 $A$ 的价格和产量的影响。根据式（5-9）对 $\lambda$ 求全微分，并代入式（5-16）、（5-17）和（5-18）后，有：

$$\frac{dp}{d\lambda} =$$

$$\frac{\left(dp^*/d\lambda + t\sigma + t\lambda \times \dfrac{\sigma\alpha}{m_d} \times \dfrac{d_{m_d}}{d_\lambda}\right)\left[1 - t(\lambda - 1)\right] + t(p^* + \lambda t\sigma)}{\left[1 - t(\lambda - 1)\right]^2} > 0$$

$$(5-19)$$

式（5-19）说明，商品 $A$ 的国内有效供给价格 $p$ 与出口退税率 $\lambda$ 同比例变动。当出口退税率提高时，产品 $A$ 的国内有效供给价格 $p$ 上升，厂商每销售一单位 $A$ 的收益增加，因此厂商会相应增加 $A$ 的产量，直到达到新的均衡。当出口退税率 $\lambda$ 降低时，情况则相反。我们将进一步具体分析 $\lambda$ 对产量 $Q_A$ 的影响。

根据式（5-13）、（5-14）和（5-15），求出口退税率对 $Q_A$ 的影响，得到：

$$\frac{dQ_A}{d\lambda} =$$

$$\frac{\left(\dfrac{\varphi\chi_w - \varphi_w\chi_r}{\varphi_w}\right)(1-\alpha)\dfrac{\alpha m Q_A}{m_d^2} - Q_B\left(\dfrac{\varphi_r}{\varphi_w}H - H'\right) - M_d\left(\dfrac{\varphi_r}{\varphi_w}G - G'\right)}{\dfrac{\varphi_r - \varphi_w}{\varphi_w} + \dfrac{\varphi_r\chi_w - \varphi_w\chi_r}{\varphi_w}\dfrac{\alpha m}{m_d}} > 0$$

$$(5-20)$$

其中，$H = \varphi_{ww}\dfrac{dw}{d\lambda} + \varphi_{wr}\dfrac{dr}{d\lambda} < 0$，$H' = \varphi_{rw}\dfrac{dw}{d\lambda} + \varphi_{rr}\dfrac{dr}{d\lambda} > 0$，

$G = \chi_{ww}\dfrac{dw}{d\lambda} + \chi_{wr}\dfrac{dr}{d\lambda} < 0$ 以及 $G' = \chi_{rw}\dfrac{dw}{d\lambda} + \chi_{rr}\dfrac{dr}{d\lambda} > 0$。因此有：

出口退税率 $\lambda$ 提高时，产品 $A$ 的产量会增加，直到达到新的均衡。从这里我们可以看出，当政府提高出口退税率时，确实能够提高该出口产品的厂商收益，并推动该产品的生产和出口。接着，计算出口退税率 $\lambda$ 对产品 $B$ 产量 $Q_B$ 的影响和对中间产品 $M$ 由国内生产部分 $M_d$ 的影响：

$$\dfrac{dQ_B}{d\lambda} =$$

$$-\dfrac{Q_B(H - H') + M_d(G - G') + (\chi_w - \chi_r)\left[\dfrac{\alpha m}{m_d}\dfrac{dQ_A}{d\lambda} + (\alpha - 1)\dfrac{\alpha m Q_A}{m_d^2}\right]}{\varphi_w - \varphi_r} \gtrless 0$$

$$(5 - 21)$$

$$\dfrac{dM_d}{d\lambda} = \dfrac{\alpha m}{m_d}\dfrac{dQ_A}{d\lambda} + (\alpha - 1)\dfrac{\alpha m Q_A}{m_d^2} \lessgtr 0 \qquad (5 - 22)$$

其中，$H = \varphi_{ww}\dfrac{dw}{d\lambda} + \varphi_{wr}\dfrac{dr}{d\lambda} < 0$，$H' = \varphi_{rw}\dfrac{dw}{d\lambda} + \varphi_{rr}\dfrac{dr}{d\lambda} > 0$，

$G = \chi_{ww}\dfrac{dw}{d\lambda} + \chi_{wr}\dfrac{dr}{d\lambda} < 0$ 以及 $G' = \chi_{rw}\dfrac{dw}{d\lambda} + \chi_{rr}\dfrac{dr}{d\lambda} > 0$。根据式（5-21）和（5-22）的分析，可知出口退税率 $\lambda$ 的变动，对产品 $B$ 和中间产品 $M$ 有多方面的影响，因此最终影响是不确定的。以下我们具体分析出口退税率 $\lambda$ 上升的情况，出口退税率 $\lambda$ 下降的情况同理可知。

（1）据式（5-16）$\dfrac{dw}{d\lambda} > 0$ 和式（5-20）$\dfrac{dQ_A}{d\lambda} > 0$，当出口退税率 $\lambda$ 提高时，$A$ 部门劳动力投入增加，生产扩张。劳动力总

量不变时，增加的劳动力只能来自于部门 $B$ 和 $M$ 的资源转移，因而 $B$ 和 $M$ 部门的生产收缩。

（2）类似于罗伯津斯基效应（Rybczynski Effect），$M$ 部门的劳动密集程度高于 $B$ 部门，当 $B$ 和 $M$ 部门的劳动力减少，生产收缩时，$M$ 部门收缩力度更大，这能够在一定程度上缓解 $B$ 部门的生产收缩力度。

（3）据式（5-20）$\dfrac{dQ_A}{d\lambda} > 0$，当出口退税率 $\lambda$ 提高时，$A$ 部门生产扩张，对 $M$ 的引致需求增加，推动 $M$ 部门扩张；此外，据 $\dfrac{d_{m_d}}{d_\lambda} > 0$，随着 $\lambda$ 的上升，$m_d$ 的价格上涨，$M$ 生产收缩。

（4）据式（5-17）$\dfrac{dr}{d\lambda} < 0$，即出口退税率的上升引起使用资本的成本 $r$ 下降，促进 $M$ 和 $B$ 部门的生产扩张，且由于 $B$ 部门资本密集度高于 $M$ 部门，$B$ 部门的生产扩张更强。

综上所述，在以上四方面的各种因素的相互作用下，我们难以确切而具体地得出出口退税的变动将引起 $B$ 部门和 $M$ 部门的生产扩张或是收缩。

## 五　模型结论

综上所述，我们在第四章的模型分析框架下，基于赵志钜（Chao，Chi-Chur）的一般均衡模型和国际宏观经济学 $2 \times 2 \times 1$ 模型进行扩展（Chao 等，2001；Chao 等，2006），在两种产品、两种要素、一种中间产品假设下，引入一个出口退税率，分析出口退税率变动对不同部门，特别是对出口产业部门的影响。

根据以上分析结果，我们的结论是：出口退税率的变动，会造成国内生产要素劳动力价格上升，资本价格下降，中间产品价格下降；同时，引起密集使用劳动要素的出口部门的产品 A 价格上涨，生产扩张；但对可进口部门 B 和中间产品部门 M 的生产影响不确定，这与赵志钜（Chao，Chi-Chur）的研究结论相似。

这说明提高出口退税率 λ 确实可以扩大出口行业的产量，增加出口。这与目前理论界的研究结论一致。目前，理论界普遍认同并通过实证检验确认了出口退税确实能够促进出口的发展，扩大出口规模。当出口退税率提高时，能够增加出口总额（陈平，2003；Jai S. Mah，2007；陈传兴，2009；林龙辉，2010；江霞，2010）；反之，当出口退税率下降时，给出口总额带来负面影响，即两者之间存在着显著的正相关关系，而且这种关系是长期均衡的（何兴容，2009）。因此，出口退税能够扩张出口部门，从而提高出口总量在总体 GDP 中的比重。

接下来我们引入两个差异性出口退税率 $\lambda'$ 和 $\lambda''$，来分析差异性出口退税率对产业结构的影响。

## 第三节　扩展模型

——3×2×1 模型，引入两个有差异性出口退税率 $\lambda'$ 和 $\lambda''$

在第二节 2×2×1 模型，引入一个出口退税率的基础上，通过引入技术进步、高新技术和人才，或开始使用新能源等情况，把模型调整为 3×2×1 模型，即三种产品、两种要素、一种中间产品的模型，分析在差异性出口退税政策下，差异性出口退税率能否有差异地影响出口产业，引致产业结构变动。

### 一　模型假设调整（三个厂商，两种要素，一种中间产品）

现在假设在 A 产业中，通过技术进步，或引进高新技术和人才，或使用新能源，进化到 $A_2$。为了能较为清楚地说明问题，我们假设 $A$ 的产量中，以 $\rho$ 比例产品进化到 $A_2$，$0 < \rho \leqslant 1$，为区分方便，我们假设 $A$ 产业中未进化的产业为 $A_1$。因此，$A$ 产业的产量现分为未进化产业 $Q_{A1} = (1 - \rho) Q_A$ 和进化产业 $Q_{A2} = \rho Q_A$。假设 $A_1$ 和 $A_2$ 的生产函数如下：

$$Q_{A1} = Q_{A1}(L_A^1, M_A^1, K_A^1) = \min(L_A^1, M_A^1, K_A^1) \qquad (5-23)$$

$$Q_{A2} = Q_{A2}(L_A^2, M_A^2, K_A^2, H) = \min(L_A^2, M_A^2, K_A^2, H) \qquad (5-24)$$

其中，$H$ 为高新要素投入，包括新引进的高新技术、人才或新能源，其价格为 $h$。设 $A_2$ 的国内不含税价格为 $q$，则国内市场上的实际售价为：

$$q(1 + t) = q + qt \qquad (5-25)$$

国外以本币计算的售价为 $q^*$（含税），在竞争均衡条件下，单位价格＝边际成本，可以得到：

$$q = K(w, m, r, h) = w + m + r + h \qquad (5-26)$$

$$q = p + h \qquad (5-27)$$

模型中，式（5-10）、（5-11）、（5-12）仍然成立：

$$p = K(w, m, r) = w + m + r \qquad (5-10)$$

$$1 = \varphi(w, r) \qquad (5-11)$$

$$m_d = \chi(w, r) \qquad (5-12)$$

对 $A_2$ 厂商而言，同样有：在竞争性均衡时，不论在国内还是在国外销售，所获实际收入相同，即：

$$p[1 - t(\lambda - 1)] = p^* + \lambda t\sigma \qquad (5-9)$$

$$q[1 - t(\lambda - 1)] = q^* + \lambda t\sigma \qquad (5-28)$$

联立式（5-9）和式（5-28），可以得到：

$$h[1 - t(\lambda - 1)] = q^* - p^* \qquad (5 - 29)$$

对式（5-29）求关于 $\lambda$ 的全微分，得：

$$\frac{dh}{d\lambda}[1 - t(\lambda - 1)] = \frac{dq^*}{d\lambda} - \frac{dp^*}{d\lambda} - th \qquad (5 - 30)$$

因为 $A_2$ 产业属于高新产业，发展受限于研发力度、科技发展水平和人力资本水平，受需求影响较小（张子林等，2011；席艳玲，2012；王玉，2011）。因此，$q^*$ 的需求弹性小于 $p^*$ 的需求弹性，有 $\frac{dq^*}{d\lambda} < \frac{dp^*}{d\lambda}$ ，可以推出：

$$\frac{dh}{d\lambda} = \frac{\dfrac{dq^*}{d\lambda} - \dfrac{dp^*}{d\lambda} - th}{1 - t(\lambda - 1)} < 0 \qquad (5 - 31)$$

## 二 模型求解

为了求解模型，我们对式（5-28）求关于 $\lambda$ 的全微分，得：

$$\frac{dq^*}{d\lambda} + t(w + m + r + h + \sigma)$$

$$= [1 - t(\lambda - 1)]\left[\frac{dw}{d\lambda} + \frac{dr}{d\lambda} + \frac{dh}{d\lambda} + \frac{dm_d}{d\lambda} \times \frac{\sigma\alpha}{m_d}\left(\frac{m_f}{1 - \alpha} - t\lambda\right)\right]$$

$$(5 - 32)$$

结合第四章中式（4-31）和式（4-32）：

$$dm_d = \chi_w d_w + \chi_r d_r \qquad (4 - 31)$$

$$0 = \varphi_w d_w + \varphi_r d_r \qquad (4 - 32)$$

联立式（5-32）、式（4-31）和式（4-32），可以得到：

$$\frac{dw}{d\lambda} = \frac{\Delta}{\Pi[1 + t(1 - \lambda)]} \times \left\{ \left( \frac{dq^*}{d\lambda} + t\sigma + w + m + r + h \right) - \frac{dh}{d\lambda}[1 - t(\lambda - 1)] \right\}$$

$$(5 - 33)$$

$$\frac{dr}{d\lambda} = -\frac{\varphi_w + A\varphi_m\chi_w}{\Pi[1 + t(1 - \lambda)]} \times \left\{ \left( \frac{dq^*}{d\lambda} + t\sigma + w + m + r + h \right) - \frac{dh}{d\lambda}[1 - t(\lambda - 1)] \right\}$$

$$(5 - 34)$$

$$\frac{d_{m_d}}{d_\lambda} = \frac{\chi_w\varphi_r - \chi_r\varphi_w}{\Pi[1 + t(1 - \lambda)]} \times \left\{ \left( \frac{dq^*}{d\lambda} + t\sigma + w + m + r + h \right) - \frac{dh}{d\lambda}[1 - t(\lambda - 1)] \right\}$$

$$(5 - 35)$$

其中，$\Delta = \varphi_r + A\varphi_m\chi_r > 0$，$A = \frac{m_f}{1 - \alpha} \times \frac{\sigma\alpha}{m_d} > 0$，$\Pi = (\varphi_r - \varphi_w) + (\chi_w\varphi_r - \chi_r\varphi_w)\frac{\sigma\alpha}{m_d}\left( \frac{m_f}{1 - \alpha} - t\lambda \right) > 0$。据式（5 - 31），有 $\frac{dh}{d\lambda} < 0$，此时使用推导式（5 - 16）、（5 - 17）和（5 - 18）的类似方法，可以得出：

$$\frac{dw}{d\lambda} = \frac{\Delta}{\Pi[1 + t(1 - \lambda)]} \times \left\{ \left( \frac{dq^*}{d\lambda} + t\sigma + w + m + r + h \right) - \frac{dh}{d\lambda}[1 - t(\lambda - 1)] \right\} \Big/ \Pi > 0$$

$$(5 - 36)$$

$$\frac{dr}{d\lambda} = -\frac{\varphi_w + A\varphi_m\chi_w}{\Pi[1 + t(1 - \lambda)]} \times \left\{ \left( \frac{dq^*}{d\lambda} + t\sigma + w + m + r + h \right) - \frac{dh}{d\lambda}[1 - t(\lambda - 1)] \right\} \Big/ \Pi < 0$$

$$(5 - 37)$$

$$\frac{dm_d}{d\lambda} = \frac{\chi_w \varphi_r - \chi_r \varphi_w}{\Pi[1 + t(1 - \lambda)]} \times \left\{ \left( \frac{dq^*}{d\lambda} + t\sigma + w + m + r + h \right) - \right.$$

$$\left. \frac{dh}{d\lambda}[1 - t(\lambda - 1)] \right\} / \Pi > 0$$

$$(5 - 38)$$

其中，$\Delta = \varphi_r + A\varphi_m \chi_r > 0$，$A = \dfrac{m_f}{1 - \alpha} \times \dfrac{\sigma\alpha}{m_d} > 0$，$\Pi = (\varphi_r - \varphi_w) +$

$(\chi_w \varphi_r - \chi_r \varphi_w) \dfrac{\sigma\alpha}{m_d} \left( \dfrac{m_f}{1 - \alpha} - t\lambda \right) > 0$。在此基础上，为了得到 $\lambda$ 对

价格 $q$ 的影响，对式（5-9）和（5-28）求关于 $\lambda$ 的全微分，得：

$$\frac{dp}{d\lambda} = \frac{1}{1 - t(\lambda - 1)} \left[ t(w + m + r) + \frac{dp^*}{d\lambda} + \right.$$

$$\left. t\sigma + \lambda t \frac{\alpha\sigma}{m_d} \times \frac{dm_d}{d\lambda} \right] > 0 \qquad (5 - 39)$$

$$\frac{dq}{d\lambda} = \frac{1}{1 - t(\lambda - 1)} \left[ t(w + m + r + h) + \frac{dq^*}{d\lambda} + \right.$$

$$\left. t\sigma + \lambda t \frac{\alpha\sigma}{m_d} \times \frac{dm_d}{d\lambda} \right] > 0 \qquad (5 - 40)$$

因为 $A_2$ 产业属于高新产业，发展受限于研发力度、科技发展水平和人力资本水平，受需求影响较小。因此，$q^*$ 的需求弹性小于 $p^*$ 的需求弹性，有 $\dfrac{dq^*}{d\lambda} < \dfrac{dp^*}{d\lambda}$，可以推出：

$$\frac{dp}{d\lambda} = \frac{1}{1 - t(\lambda - 1)} \left[ tw + m + r + \frac{dp^*}{d\lambda} + t\sigma + \lambda t \frac{\alpha\sigma}{m_d} \times \frac{dm_d}{d\lambda} \right]$$

$$> \frac{dq}{d\lambda} = \frac{1}{1 - t(\lambda - 1)} \left[ t(w + m + r + h) + \frac{dq^*}{d\lambda} + t\sigma + \lambda t \frac{\alpha\sigma}{m_d} \times \frac{dm_d}{d\lambda} \right] > 0$$

$$(5 - 41)$$

据式（5-41），一般产业 $A_1$ 的产品供给价格 $p$ 对出口退税率 $\lambda$ 的变动较高新技术产业 $A_2$ 的产品供给价格 $q$ 对出口退税率 $\lambda$ 的

变动更为敏感，即当出口退税率提高时，产品 $A_1$ 和 $A_2$ 的国内有效价格 $p$ 和 $q$ 上升，厂商销售一单位 $A_1$ 和销售一单位 $A_2$ 的收益增加，因此厂商会相应增加 $A_1$ 和 $A_2$ 的产量，直到达到新的均衡。但此时产品 $A_1$ 的国内有效价格 $p$ 上升的幅度高于产品 $A_2$ 的国内有效价格上升的幅度，相应产品 $A_1$ 的产量增加幅度也会大于产品 $A_2$ 的产量增加幅度。当出口退税率 $\lambda$ 降低时，情况则相反。我们将进一步具体分析 $\lambda$ 对产量 $Q_{A1}$ 和 $Q_{A2}$ 的影响。市场出清条件修改为：

$$Q_{A1} + Q_{A2} + \varphi_w(w,r)Q_B + \chi_w(w,r)M_d = L \qquad (5-42)$$

$$Q_{A1} + Q_{A2} + \varphi_r(w,r)Q_B + \chi_r(w,r)M_d = K \qquad (5-43)$$

$$Q_{A1} = (1-\rho)Q_A \qquad (5-44)$$

$$Q_{A2} = \rho Q_A \qquad (5-45)$$

$$Q_{A1} + Q_{A2} = Q_A \qquad (5-46)$$

中间产品市场的出清条件为：

$$\frac{\alpha m M}{m_d} = M_d \qquad (5-47)$$

因此，可以求出出口退税率变动对产出的影响：

$$\frac{dQ_{A1}}{d\lambda}$$

$$= \frac{1 - \alpha \dfrac{\varphi_r\chi_w - \varphi_w\chi_r}{\varphi_w} \times \dfrac{\alpha m Q_{A2}}{m_d^2} \times \dfrac{1}{1-\rho} - \left[ Q_B\left(\dfrac{\varphi_r}{\varphi_w}H - H'\right) + M_d\left(\dfrac{\varphi_r}{\varphi_w}G - G'\right) \right]}{\dfrac{1}{1-\rho}\left( \dfrac{\varphi_r - \varphi_w}{\varphi_w} + \dfrac{\varphi_r\chi_w - \varphi_w\chi_r}{\varphi_w} \times \dfrac{\alpha m}{m_d} \right)}$$

$$(5-48)$$

$$\frac{dQ_{A2}}{d\lambda}$$

$$= \frac{1 - \alpha \dfrac{\varphi_r\chi_w - \varphi_w\chi_r}{\varphi_w} \times \dfrac{\alpha m Q_{A2}}{\rho m_d^2} - \left[ Q_B\left(\dfrac{\varphi_r}{\varphi_w}H - H'\right) + M_d\left(\dfrac{\varphi_r}{\varphi_w}G - G'\right) \right]}{\dfrac{1}{\rho}\left( \dfrac{\varphi_r - \varphi_w}{\varphi_w} + \dfrac{\varphi_r\chi_w - \varphi_w\chi_r}{\varphi_w} \times \dfrac{\alpha m}{m_d} \right)} > 0$$

$$(5-49)$$

其中，$H = \varphi_{ww}\dfrac{dw}{d\lambda} + \varphi_{wr}\dfrac{dr}{d\lambda} < 0$，$H' = \varphi_{rw}\dfrac{dw}{d\lambda} + \varphi_{rr}\dfrac{dr}{d\lambda} > 0$，

$G = \chi_{ww}\dfrac{dw}{d\lambda} + \chi_{wr}\dfrac{dr}{d\lambda} < 0$ 以及 $G' = \chi_{rw}\dfrac{dw}{d\lambda} + \chi_{rr}\dfrac{dr}{d\lambda} > 0$。因此，产量 $Q_{A1}$ 和 $Q_{A2}$ 与出口退税率 $\lambda$ 保持同方向变动。据式（5 – 41），当出口退税率 $\lambda$ 提高时，产品 $A_1$ 和 $A_2$ 的国内有效价格 $p$ 和 $q$ 上升，厂商销售一单位 $A_1$ 和销售一单位 $A_2$ 的收益增加，因此厂商会相应增加 $A_1$ 和 $A_2$ 的产量，直到达到新的均衡。但此时产品 $A_1$ 的国内有效价格 $p$ 上升的幅度高于产品 $A_2$ 的国内有效价格 $q$ 上升的幅度，相应产品 $A_1$ 的产量增加幅度也会大于产品 $A_2$ 的产量增加幅度，此时，$\rho$ 会相对下降。因此，有：

$$\frac{dQ_{A1}}{d\lambda}$$

$$= \frac{1 - \alpha\dfrac{\varphi_r\chi_w - \varphi_w\chi_r}{\varphi_w} \times \dfrac{\alpha m Q_{A2}}{m_d^2} \times \dfrac{1}{1-\rho} - \left[ Q_B\left(\dfrac{\varphi_r}{\varphi_w}H - H'\right) + M_d\left(\dfrac{\varphi_r}{\varphi_w}G - G'\right)\right]}{\dfrac{1}{1-\rho}\left(\dfrac{\varphi_r - \varphi_w}{\varphi_w} + \dfrac{\varphi_r\chi_w - \varphi_w\chi_r}{\varphi_w} \times \dfrac{\alpha m}{m_d}\right)}$$

$$> \frac{dQ_{A2}}{d\lambda}$$

$$= \frac{1 - \alpha\dfrac{\varphi_r\chi_w - \varphi_w\chi_r}{\varphi_w} \times \dfrac{\alpha m Q_{A2}}{\rho m_d^2} - \left[ Q_B\left(\dfrac{\varphi_r}{\varphi_w}H - H'\right) + M_d\left(\dfrac{\varphi_r}{\varphi_w}G - G'\right)\right]}{\dfrac{1}{\rho}\left(\dfrac{\varphi_r - \varphi_w}{\varphi_w} + \dfrac{\varphi_r\chi_w - \varphi_w\chi_r}{\varphi_w} \times \dfrac{\alpha m}{m_d}\right)} > 0$$

$$(5 – 50)$$

因此，据式（5 – 50），可看到一般产业 $A_1$ 的产量 $Q_{A1}$ 对出口退税率 $\lambda$ 的变动较高新技术产业 $A_2$ 的产量 $Q_{A2}$ 对出口退税率 $\lambda$ 的变动更为敏感，即当出口退税率 $\lambda$ 提高时，产品 $A_1$ 和 $A_2$ 的国内有效价格 $p$ 和 $q$ 上升，厂商会相应增加 $A_1$ 和 $A_2$ 的产量，直到达到新的均衡。但此时产品 $A_1$ 的产量增加幅度也会大于产品 $A_2$ 的产量增加幅度。

### 三　引入两个有区别的出口退税率 $\lambda'$ 和 $\lambda''$

为了分析我国的差异性出口退税率的产业优化效应，我们引入两个出口退税率 $\lambda'$ 和 $\lambda''$。假设国家为了促进高新产业 $A_2$ 的发展，抑制相对技术较低产业 $A_1$ 的发展，推动国家整体产业结构的优化，对产业 $A_1$ 和 $A_2$ 给予不同的出口退税率 $\lambda'$ 和 $\lambda''$，其中 $\lambda' < \lambda < \lambda''$，即国家在降低了 $A_1$ 产业出口退税率的同时，提高了 $A_2$ 产业的出口退税率，即使用差异性出口退税率政策调整国内产业结构，优化产业布局。为了简化分析，假设 $|\lambda' - \lambda| = |\lambda - \lambda''|$。

#### （一）产业 $A_1$ 出口退税率由 $\lambda$ 下调至 $\lambda'$

对于产业 $A_1$ 而言，$\dfrac{dp}{d\lambda} > 0$，$\dfrac{dQ_{A1}}{d\lambda} > 0$，即 $A_1$ 的价格 $p$ 和产量 $Q_{A1}$ 都与出口退税率 $\lambda$ 同方向变动。设出口退税率由 $\lambda$ 下降到 $\lambda'$ 时，国内有效价格从 $p$ 下降到 $p'$，产量从 $Q_{A1}$ 下降到 $Q'_{A1}$：

$$
\begin{aligned}
&p - p' \\
&= \frac{1}{1 - t(\lambda - 1)} \times \left[ t(w + m + r) + \frac{dp^*}{d\lambda} + t\sigma + \lambda t \frac{\alpha\sigma}{m_d} \times \frac{dm_d}{d\lambda} \right] \times \\
&\qquad\qquad (\lambda - \lambda') > 0 \qquad\qquad\qquad (5 - 51)
\end{aligned}
$$

$$
\begin{aligned}
&Q_{A1} - Q'_{A1} \\
&= \frac{1 - \alpha \dfrac{\varphi_r\chi_w - \varphi_w\chi_r}{\varphi_w} \times \dfrac{\alpha m Q_A^2}{m_d^2} \times \dfrac{1}{1-\rho} - \left[ Q_B\left(\dfrac{\varphi_r}{\varphi_w}H - H'\right) + M_d\left(\dfrac{\varphi_r}{\varphi_w}G - G'\right) \right]}{\dfrac{1}{1-\rho}\left( \dfrac{\varphi_r - \varphi_w}{\varphi_w} + \dfrac{\varphi_r\chi_w - \varphi_w\chi_r}{\varphi_w} \times \dfrac{\alpha m}{m_d} \right)} \times \\
&\qquad (\lambda - \lambda') > 0 \qquad\qquad\qquad (5 - 52)
\end{aligned}
$$

$$
\Rightarrow \begin{cases} p' < p \\ Q'_{A1} < Q_{A1} \end{cases} \qquad\qquad (5 - 53)
$$

由式（5-53）可知，对于产业 $A_1$ 而言，当出口退税率由 $\lambda$ 下调至 $\lambda'$ 后，$A_1$ 产业的产品价格下降，产量减少，生产收缩。

**（二）产业 $A_2$ 出口退税率由 $\lambda$ 上调至 $\lambda''$**

对于产业 $A_2$ 而言，$\dfrac{dq}{d\lambda} > 0$，$\dfrac{dQ_{A2}}{d\lambda} > 0$，即 $A_2$ 的价格 $q$ 和产量 $Q_{A2}$ 都与出口退税率 $\lambda$ 同方向变动。设出口退税率由 $\lambda$ 上升到 $\lambda''$ 时，国内有效价格从 $q$ 变为 $q''$，产量从 $Q_{A2}$ 变为 $Q''_{A2}$：

$$q - q'' = \frac{1}{1 - t(\lambda - 1)}\Big[ t(w + m + r + h) + \frac{dq^*}{d\lambda} +$$
$$t\sigma + \lambda t \frac{\alpha\sigma}{m_d} \Big] \times (\lambda - \lambda'') < 0 \qquad (5-54)$$

$$Q_{A2} - Q''_{A2}$$
$$= \frac{1 - \alpha \dfrac{\varphi_r\chi_w - \varphi_w\chi_r}{\varphi_w} \times \dfrac{\alpha m Q_A^2}{\rho m_d^2} - \Big[ Q_B\Big(\dfrac{\varphi_r}{\varphi_w}H - H'\Big) + M_d\Big(\dfrac{\varphi_r}{\varphi_w}G - G'\Big)\Big]}{\dfrac{1}{\rho}\Big( \dfrac{\varphi_r - \varphi_w}{\varphi_w} + \dfrac{\varphi_r\chi_w - \varphi_w\chi_r}{\varphi_w} \times \dfrac{\alpha m}{m_d}\Big)} \times$$
$$(\lambda - \lambda'') < 0 \qquad (5-55)$$

$$\Rightarrow \begin{cases} q'' > q \\ Q_{A2}'' > Q_{A2} \end{cases} \qquad (5-56)$$

由式（5-56）可知，对于产业 $A_2$ 而言，当出口退税率由 $\lambda$ 上调至 $\lambda''$ 后，$A_2$ 产业的产品价格上升，产量增加，生产扩张。此外，据式（5-41）和式（5-50），对 $A_1$ 产业和 $A_2$ 产业之间的价格变动和产量变动进行具体比较，可以得到：

$$|p - p'| = \frac{1}{1 - t(\lambda - 1)}\Big[ tw + m + r + \frac{dp^*}{d\lambda} + t\sigma + \lambda t \frac{\alpha\sigma}{m_d} \times \frac{dm_d}{d\lambda}\Big] \times |\lambda - \lambda'| >$$
$$|q - q''| = \frac{1}{1 - t(\lambda - 1)}\Big[ t(w + m + r + h) + \frac{dq^*}{d\lambda} + t\sigma + \lambda t \frac{\alpha\sigma}{m_d} \times \frac{dm_d}{d\lambda}\Big] \times |\lambda - \lambda''|$$
$$|Q_{A1} - Q'_{A1}|$$

$$= \frac{1 - \alpha \dfrac{\varphi_r \chi_w - \varphi_w \chi_r}{\varphi_w} \times \dfrac{\alpha m Q_A^2}{m_d^2} \times \dfrac{1}{1 - \rho} - \left[ Q_B \left( \dfrac{\varphi_r}{\varphi_w} H - H' \right) + M_d \left( \dfrac{\varphi_r}{\varphi_w} G - G' \right) \right]}{\dfrac{1}{1 - \rho} \left( \dfrac{\varphi_r - \varphi_w}{\varphi_w} + \dfrac{\varphi_r \chi_w - \varphi_w \chi_r}{\varphi_w} \times \dfrac{\alpha m}{m_d} \right)} \times$$

$$|\lambda - \lambda'| > |Q_{A2} - Q''_{A2}|$$

$$= \frac{1 - \alpha \dfrac{\varphi_r \chi_w - \varphi_w \chi_r}{\varphi_w} * \dfrac{\alpha m Q_A^2}{\rho m_d^2} - \left[ Q_B \left( \dfrac{\varphi_r}{\varphi_w} H - H' \right) + M_d \left( \dfrac{\varphi_r}{\varphi_w} G - G' \right) \right]}{\dfrac{1}{\rho} \left( \dfrac{\varphi_r - \varphi_w}{\varphi_w} + \dfrac{\varphi_r \chi_w - \varphi_w \chi_r}{\varphi_w} * \dfrac{\alpha m}{m_d} \right)} \times$$

$$|\lambda - \lambda''|$$

$$\Rightarrow \begin{cases} |p - p'| > |q - q''| \\ |Q_{A1} - Q'_{A1}| > |Q_{A2} - Q_{A2}''| \end{cases} \quad (5 - 57)$$

此时，面对相同距离的出口退税率的变动 $|\lambda' - \lambda| = |\lambda - \lambda''|$，高新技术产业 $A_2$ 的价格变动小于一般性出口产业 $A_1$ 的价格变动，相应高新技术产业 $A_2$ 的产量变动也小于一般性出口产业 $A_1$ 的产量变动。出口退税对高新技术产业的促进效应被弱化。

## 四　模型结论

基于以上研究，我们可以得出结论：当我们为抑制产业 $A_1$ 的发展而降低该产业出口退税率至 $\lambda'$，并为促进产业 $A_2$ 的发展而提高该产业出口退税率至 $\lambda''$ 时，能够引起产业间要素流动，包括劳动力、资本和中间产品的流动。引致 $A_1$ 产业的产品价格下降，产量减少，生产收缩；$A_2$ 产业的产品价格上升，产量增加，生产扩张。但是，由于 $A_2$ 产业属于高新产业，发展受限于研发力度、科技发展水平和人力资本水平，受需求影响较小，因此面对相同距离的出口退税率的变动 $|\lambda' - \lambda| = |\lambda - \lambda''|$ 时，高新技术产业 $A_2$ 的价格变动小于一般性出口产业

$A_1$ 的价格变动，相应高新技术产业 $A_2$ 的产量变动也小于一般性出口产业 $A_1$ 的产量变动。出口退税对高新技术产业的促进效应被弱化。

这也意味着，当我们根据产业政策目标对不同产业给予不同出口退税率，即给予差异性退税率时，确实能够调整一国产业结构，优化产业布局。同时，通过降低出口退税率收缩中低技术产业的效应会较为显著，通过提高出口退税率促进高新技术产业发展的效应将被弱化。

# 第四节　小结

在本节中，进一步研究了出口退税的产业结构优化效应。在第四章的模型分析框架下，继续使用赵志钜（Chao，Chi-Chur）的一般均衡模型（Chao 等，2001；Chao 等，2006）和国际宏观经济学中的 $2 \times 2 \times 1$ 模型相结合的方法，构建出口退税的产业结构优化效应模型，通过模型推导来探讨出口退税的优化效应的有效性问题。

在第一节中，对差异性出口退税的产业结构优化机制进行了理论探讨；在第二节中，在出口商品的生产函数中引入资本变量，分析了只有一个出口退税率 $\lambda$ 存在的 $2 \times 2 \times 1$ 模型（两种产品、两种要素、一种中间产品），模型结果显示出口退税率的变动，会造成国内生产要素劳动力价格上升，资本价格下降，中间产品价格下降。同时，引起密集使用劳动要素的出口部门的产品 $A$ 价格上涨，生产扩张；但对可进口部门 $B$ 和中间产品部门 $M$ 的生产影响不确定。这说明提高出口退税率确实可以扩大出口行业的产量，增加出口。这与目前理论界的研究结论一致。

第三节扩展了前一节中的模型，由原 $2 \times 2 \times 1$ 模型，通过引入技术进步、高新技术和人才，或开始使用新能源等情况，把模型扩展为 $3 \times 2 \times 1$ 模型（三种产品、两种要素、一种中间产品），同时引入差异性的两个出口退税率 $\lambda'$ 和 $\lambda''$，分析对不同行业或处于不同技术水平的行业给予不同出口退税率时，各产业结构的变动情况。研究发现：当我们为抑制产业 $A_1$ 的发展而降低该产业出口退税率至 $\lambda'$，并为促进产业 $A_2$ 的发展而提高该产业出口退税率至 $\lambda''$ 时，能够引起产业间要素流动，包括劳动力、资本和中间产品的流动。因而推动 $A_1$ 产业的产品价格下降，产量减少，生产收缩；$A_2$ 产业的产品价格上升，产量增加，生产扩张。但是，由于 $A_2$ 产业属于高新产业，发展受限于研发力度、科技发展水平和人力资本水平，受需求影响较小，因此面对相同距离的出口退税率的变动 $|\lambda' - \lambda| = |\lambda - \lambda''|$ 时，高新技术产业 $A_2$ 的价格变动小于一般性出口产业 $A_1$ 的价格变动，相应高新技术产业 $A_2$ 的产量变动也小于一般性出口产业 $A_1$ 的产量变动。出口退税对高新技术产业的促进效应被弱化。

这说明，对于技术较低的行业，降低出口退税率，将带来该行业产品有效价格的下降和产出减少，而对于技术水平较高的行业，提高出口退税率将促进该行业的生产发展，提高有效价格，增加产出。即当我们根据产业政策目标对不同产业给予不同出口退税率时，确实能够调整一国产业结构，优化产业布局，即差异性出口退税率的产业优化效应是有效的。同时，通过降低出口退税率收缩中低技术行业的效应会较为显著，通过提高出口退税率促进高新技术行业发展的效应将被弱化。

  在接下来的第六章中，我们将会对出口退税的产业结构优化效应进行实证检验，以检测在实际经济运行中和政策实践中，本章模型推导的结论，即出口退税的产业结构优化效应是否具有实际意义。

# 第六章 我国出口退税的产业结构优化调整效应：实证分析

在第五章中，我们基于赵志钜（Chao，Chi-Chur）的一般均衡模型（Chao 等，2001；Chao 等，2006）与国际宏观经济学中的模型相结合的方法，构建出口退税的产业结构优化效应模型，通过模型推导来探讨出口退税的优化效应的有效性问题。研究发现，给予不同行业出口退税的差异性待遇，将带来不同行业规模的差异性变动。因此，当我们根据产业政策目标对不同产业给予不同出口退税率时，能够调整一国产业结构，优化产业布局，即差异性出口退税率的产业优化效应是有效的。

在本章中，我们将对出口退税的产业结构优化效应进行实证检验，验证在实际经济运行和政策实践中，第五章模型推导的结论，即出口退税的产业结构优化效应是否具有现实意义。

本章第一节实证检验了出口退税对出口总额、GDP 和出口占比的影响。第二节在第一章第一节洛分类（Lall，2000）的产业结构分类方法基础上，结合中国工业统计分类方法，提炼出产业结构优化的一系列指标；并对这些指标进行回归分析，从实证中探讨出口退税是否具有产业结构的优化效应。

# 第一节  出口退税对出口总额、GDP 和出口占比的影响

目前，关于出口退税对经济的影响，经济学界普遍认为出口退税对出口总额、GDP 和出口占比具有显著的正面效应，即出口退税能够促进出口发展，提高出口占比，促进一国经济发展。

为了分析的完整性和连贯性，在探讨出口退税对产业结构的影响之前，我们先简要分析出口退税对出口和总体经济的影响。

## 一  理论预期

目前，经济学界在出口退税对出口的影响这一问题上已基本达成共识，普遍认同并通过实证检验确认了出口退税能够促进出口的发展，扩大出口规模。出口退税率提高能够增加出口总额（陈平，2003；Jai S. Mah，2007；陈传兴，2009；林龙辉，2010；江霞，2010）；反之，出口退税率下降将给出口总额带来负面影响。即两者之间存在着显著的正相关关系，而且这种关系是长期均衡的（何兴容，2009）。因此，出口退税能够扩张出口部门，提高出口总量在总体 GDP 中的比重。

此外，在出口退税对经济总量，特别是对 GDP 的影响方面，经济学理论界目前也持有较为一致的看法，即认为出口退税能够提高经济总量，积极的出口退税政策，能够促进一国经济发展（陈虎，2007；俞峰，2009）。当出口退税率提高时，GDP 相应增加；当出口退税率下降时，GDP 相应减少，即出口退税具有显著的经济正效应。

## 二　出口退税对实际出口额和出口占比影响的实证分析

为了分析的完整性和连贯性，首先实证分析出口退税对出口和总体经济的影响。

### （一）回归方程

我们基于如下模型进行回归分析。

**1. 方程 A：出口退税对实际出口额的影响**

$$\ln RealExport_t = \alpha + \beta_1 \ln RETR_t + X_t + e_t$$
$$X_t = \beta_2 \ln R\&D_{t-1} + \beta_3 \ln opes_t + \beta_4 \ln RER_t + \beta_5 \ln HC_t + u_t \tag{6-1}$$

其中，被解释变量 $RealExport_t$ 是我国第 $t$ 年实际出口额，即扣除了通货膨胀后，我国第 $t$ 年的实际出口额；解释变量 $RETR_t$ 为实际出口退税额（Real Export Tax Rebate），即扣除通货膨胀后，我国 $t$ 年的出口退税额；$X_t$ 为控制变量，包括其他可能的影响变量，如上一期研发投入、开放度、实际汇率、人力资本和自相关程度。其中，$R\&D_t$ 为上一期研发投入（R&D Investment$_{t-1}$，单位：亿元），即我国 $t-1$ 年的研发投入；$opes_t$ 为我国 $t$ 年开放度（Openness，单位:%），用外贸依存度来表示；$RER_t$ 为我国 $t$ 年面对的人民币表示的实际汇率（Real Exchange Rate）；$HC_t$ 为我国 $t$ 年人力资本（Human Capital），用每年人均受教育程度来表示（单位：年）（Solow，1956；Chao 等，2001；Chen 等，2006；孙文杰，2010；魏龙，2011；余泳泽，2011）。

**2. 方程 B：出口退税对出口占比的影响**

$$\ln ExportShare_t = \alpha + \beta_1 \ln RETR_t + X_t + e_t$$
$$X_t = \beta_2 \ln R\&D_{t-1} + \beta_3 \ln opes_t + \beta_4 \ln RER_t + \beta_5 \ln HC_t + u_t \tag{6-2}$$

其中，被解释变量 $ExportShare_t$ 是我国第 $t$ 年的出口占比，即我国第 $t$ 年出口总额占我国 GDP 的比重。解释变量 $RETR_t$ 为实际出口退税额（Real Export Tax Rebate），即扣除通货膨胀后，我国 $t$ 年的出口退税额；$X_t$ 为控制变量，包括其他可能的影响变量，如上一期研发投入、开放度、实际汇率、人力资本和自相关程度。其中，$R\&D_t$ 为上一期研发投入（R&D Investment$_{t-1}$，单位：亿元），即我国 $t-1$ 年的研发投入；$opes_t$ 为我国 $t$ 年开放度（Openness，单位:%），用外贸依存度来表示；$RER_t$ 为我国 $t$ 年面对的人民币表示的实际汇率（Real Exchange Rate，人民币兑美元）；$HC_t$ 为我国 $t$ 年人力资本（Human Capital），用每年人均受教育程度来表示（单位：年）（Solow，1956；Chao 等，2001；Chen 等，2006；孙文杰，2010；魏龙，2011；余泳泽，2011）。

**（二）数据来源及平稳性检验**

本章的数据来源于 1985～2012 年《中国统计年鉴》及 1985～2012 年《中国财政统计年鉴》，并根据物价平减指数测算出实际数据。由于使用的回归数据属于时间序列数据，因此回归前需要进行数据的平稳性检验。

1. 方程 A：出口退税对实际出口额的影响的平稳性检验

这里使用 E－G 检验（Engle and Granger Two-Step Test）对方程 A（6-1）的数据平稳性进行检验，检验步骤和方法如下。

第一步，对回归方程（6-1）进行回归：

$$\ln RealExport_t = \alpha + \beta_1 \ln RETR_t + X_t + Z_t \tag{6-3}$$
$$X_t = \beta_2 \ln R\&D_{t-1} + \beta_3 \ln opes_t + \beta_4 \ln RER_t + \beta_5 \ln HC_t$$

回归后，得到残差 $Z_t$：

$$Z_t = \ln RealExport_t - \alpha - \beta_1 \ln RETR_t - X_t$$
$$X_t = \beta_2 \ln R\&D_{t-1} + \beta_3 \ln opes_t + \beta_4 \ln RER_t + \beta_5 \ln HC_t \tag{6-4}$$

第二步，使用 ADF 单位根检验（Augmented Dickey-Fuller unit-root Test）对残差 $Z_t$ 进行单位根检验，检验结果显示 $Z_t$ 的 p 值为 0.0000。因此，可以接受方程（6-1）中的数据为平稳的，可以进一步对计量模型（6-1）进行回归分析。

**2. 方程 B：出口退税对出口占比的影响的平稳性检验**

这里使用 E-G 检验（Engle and Granger Two-Step Test）对方程 B（6-2）的数据平稳性进行检验，检验步骤和方法如下。

第一步，对回归方程（6-2）进行回归：

$$\ln ExportShare_t = \alpha + \beta_1 \ln RETR_t + X_t + Z_t$$
$$X_t = \beta_2 \ln R\&D_{t-1} + \beta_3 \ln opes_t + \beta_4 \ln RER_t + \beta_5 \ln HC_t \tag{6-5}$$

回归后，得到残差 $Z_t$：

$$Z_t = \ln ExportShare_t - \alpha - \beta_1 \ln RETR_t - X_t$$
$$X_t = \beta_2 \ln R\&D_{t-1} + \beta_3 \ln opes_t + \beta_4 \ln RER_t + \beta_5 HC_t \tag{6-6}$$

第二步，使用 ADF 单位根检验（Augmented Dickey-Fuller unit-root Test）对残差 $Z_t$ 进行单位根检验，检验结果显示 $Z_t$ 的 p 值为 0.0000，因此，可以接受方程 B（6-2）中的数据为平稳的，可以进一步对计量模型（6-2）进行回归分析。

**（三）回归结果**

我们使用计量软件 Stata 12.0 对式（6-1）和式（6-2）进行分步回归[①]，回归结果如表 6-1 和表 6-2 所示：

---

① 回归控制了时间序列自相关的影响。

表 6 - 1    出口退税对实际出口总额的影响分步回归结果

| | （1） | （2） | （3） | （4） | （5） |
|---|---|---|---|---|---|
| | 模型 1 | 模型 2 | 模型 3 | 模型 4 | 模型 5 |
| **ln$RealExport_t$** | **0.420 ***** | **0.421 ***** | **0.568 ***** | **0.612 ***** | **0.489 ***** |
| | **（0.114）** | **（0.113）** | **（0.0876）** | **（0.0996）** | **（0.0990）** |
| ln$RER_t$ | | 0.0786 | 0.583 | 1.175 | 0.840 |
| | | （0.291） | （0.482） | （0.812） | （0.666） |
| ln$opes_t$ | | | 0.841 *** | 0.776 ** | 0.437 |
| | | | （0.299） | （0.310） | （0.389） |
| ln$R\&D_{t-1}$ | | | | 0.163 | 0.205 ** |
| | | | | （0.121） | （0.0896） |
| ln$HC_t$ | | | | | 1.650 |
| | | | | | （1.204） |
| 常数项 | 3.596 *** | 3.952 *** | - 4.068 ** | - 0.467 | - 1.058 |
| | （0.700） | （1.452） | （1.844） | （1.593） | （2.194） |
| $\sigma$ | 0.156 *** | 0.155 *** | 0.151 *** | 0.104 *** | 0.0968 * |
| | （0.0299） | （0.0297） | （0.0399） | （0.0258） | （0.0502） |
| 极大似然函数值 | 9.422 | 9.482 | 11.65 | 13.39 | 14.64 |

注：括号内为标准差； * 为 p < 0.10， ** 为 p < 0.05， *** 为 p < 0.01。

表 6 - 1 描述了出口退税对实际出口总额影响的分步回归结果，如表中所示，在控制了上一期研发投入、开放度、实际汇率、人力资本投资和自相关的影响后，模型（1）至模型（5）的结果都显示出口退税对实际出口总额具有显著的促进作用，这个结果在 1% 的显著性水平上显著。因此，在控制了其他因素的影响后，出口退税与真实出口具有显著的正相关关系，说明出口退税确实能够促进出口增长，提高我国出口幅度。

表 6 - 2 描述了出口退税对出口占比影响的分步回归结果，如表中所示，在控制了上一期研发投入、开放度、实际汇率、人力资本投资和自相关的影响后，模型（1）至模型（5）的结果

都显示出口退税对出口占比具有显著的促进作用，这个结果在1%的显著性水平上显著。因此，在控制了其他变量的影响后，出口退税与出口占比具有显著的正相关关系，说明出口退税确实能够扩张我国出口部门的规模，提升出口产业在我国GDP中的比重，促进出口部门的发展。以上的回归结果与现有理论界研究得到的结果相符。

表6-2　出口退税对出口占比的影响分步回归结果

| | （1） | （2） | （3） | （4） | （5） |
|---|---|---|---|---|---|
| | 模型1 | 模型2 | 模型3 | 模型4 | 模型5 |
| $\ln RealExport_t$ | 0.312*** | 0.298*** | 0.299*** | 0.272*** | 0.247*** |
| | （0.0321） | （0.0529） | （0.0592） | （0.0346） | （0.0504） |
| $\ln RER_t$ | | -0.0338 | -0.0423 | 0.491 | 0.429 |
| | | （0.105） | （0.260） | （0.433） | （0.466） |
| $\ln opes_t$ | | | -0.00616 | -0.00552 | -0.0699 |
| | | | （0.184） | （0.192） | （0.270） |
| $\ln R\&D_{t-1}$ | | | | 0.113** | 0.122** |
| | | | | （0.0553） | （0.0494） |
| $\ln HC_t$ | | | | | 0.325 |
| | | | | | （0.706） |
| 常数项 | -1.917*** | -2.059*** | -2.025* | 0.586 | 0.457 |
| | （0.0345） | （0.448） | （1.186） | （0.825） | （0.917） |
| $\sigma$ | 0.0966*** | 0.0964*** | 0.0964*** | 0.0515*** | 0.0509*** |
| | （0.0144） | （0.0143） | （0.0164） | （0.0170） | （0.0180） |
| 极大似然函数值 | 22.93 | 23.00 | 23.00 | 24.69 | 24.90 |

注：括号内为标准差；* 为 p < 0.10，** 为 p < 0.05，*** 为 p < 0.01。

## 三　出口退税对实际 GDP 影响的实证分析

### （一）回归方程

我们基于如下模型进行回归分析：

$$\ln RealGDP_t = \alpha + \beta_1 \ln RETR_t + X_t + e_t$$
$$X_t = \beta_2 \ln R\&D_{t-1} + \beta_3 \ln opes_t + \beta_4 \ln RER_t + \beta_5 \ln HC_t u_t \qquad (6-7)$$

其中，被解释变量 $\ln RealGDP_t$ 是我国第 $t$ 年的实际 GDP，即排除了通货膨胀的因素后，我国第 $t$ 年的实际 GDP。解释变量 $RETR_t$ 为实际出口退税额（Real Export Tax Rebate），即扣除通货膨胀后，我国 $t$ 年的出口退税额；$X_t$ 为控制变量，包括其他可能的影响变量，如上一期研发投入、开放度、实际汇率、人力资本和自相关程度。其中，$R\&D_t$ 为上一期研发投入（R&D Investment$_{t-1}$，单位：亿元），即我国 $t-1$ 年的研发投入；$opes_t$ 为我国 $t$ 年开放度（Openness，单位:%），用外贸依存度来表示；$RER_t$ 为我国 $t$ 年面对的人民币表示的实际汇率（Real Exchange Rate，人民币兑美元）；$HC_t$ 为我国 $t$ 年人力资本（Human Capital），用每年人均受教育程度来表示（单位：年）（Solow，1956；Chao 等，2001；Chen 等，2006；孙文杰，2010；魏龙，2011；余泳泽，2011）。

**（二）数据来源及平稳性检验**

本章的数据来源于 1985～2010 年《中国统计年鉴》及 1985～2010 年《中国财政统计年鉴》，并根据物价平减指数测算出实际数据。由于使用的回归数据属于时间序列数据，因此，回归前需要进行数据的平稳性检验。

这里使用 E-G 检验（Engle and Granger Two-Step Test）对方程（6-3）的数据平稳性进行检验，检验步骤和方法如下。

第一步，对回归方程（6-7）进行回归：

$$\ln RealGDP_t = \alpha + \beta_1 \ln RETR_t + X_t + Z_t$$
$$X_t = \beta_2 \ln R\&D_{t-1} + \beta_3 \ln opes_t + \beta_4 \ln RER_t + \beta_5 \ln HC_t \qquad (6-8)$$

回归后，得到残差 $Z_t$ ：

$$Z_t = \ln RealGDP_t - \alpha - \beta_1 \ln RETR_t - X_t$$

$$X_t = \beta_2 \ln R\&D_{t-1} + \beta_3 \ln opes_t + \beta_4 \ln RER_t + \beta_5 \ln HC_t$$

$$(6-9)$$

第二步，使用 ADF 单位根检验（Augmented Dickey-Fuller unit-root Test）对残差进行单位根检验，检验结果显示 $Z_t$ 的 p 值为 0.0000，因此可以接受方程（6-7）中的数据为平稳的，可以进一步对计量模型（6-7）进行回归分析。

（三）回归结果

我们使用计量软件 Stata 11.0 对方程（6-7）进行分步回归分析[①]，回归结果如表 6-3 所示。

**表 6-3 出口退税实际 GDP 的影响分步回归结果**

| | （1） | （2） | （3） | （4） | （5） |
|---|---|---|---|---|---|
| | 模型 1 | 模型 2 | 模型 3 | 模型 4 | 模型 5 |
| **$\ln RealExport_t$** | **0.178**[**] | **0.162**[**] | **0.152**[***] | **0.340**[***] | **0.239**[***] |
| | **(0.0752)** | **(0.0748)** | **(0.0372)** | **(0.0644)** | **(0.0588)** |
| $\ln RER_t$ | | $-0.241$[**] | 0.229 | 0.680 | 0.392 |
| | | (0.115) | (0.151) | (0.451) | (0.249) |
| $\ln opes_t$ | | | 0.509[***] | 0.779[***] | 0.489[***] |
| | | | (0.106) | (0.149) | (0.156) |
| $\ln R\&D_{t-1}$ | | | | 0.0503 | 0.0835 |
| | | | | (0.0836) | (0.0559) |
| $\ln HC_t$ | | | | | 1.357[**] |
| | | | | | (0.589) |
| 常数项 | 5.520[***] | 4.440[***] | 0.392 | $-1.040$ | $-1.455$ |
| | (0.676) | (0.720) | (0.948) | (1.399) | (0.941) |
| $\sigma$ | 0.0867[***] | 0.0803[***] | 0.0610[***] | 0.0591[***] | 0.0502[***] |
| | (0.0192) | (0.0193) | (0.0181) | (0.0192) | (0.0176) |
| 极大似然函数值 | 23.56 | 25.71 | 33.01 | 22.51 | 25.17 |

注：括号内为标准差；* 为 $p < 0.10$，** 为 $p < 0.05$，*** 为 $p < 0.01$。

① 回归控制了时间序列自相关的影响。

表 6 - 3 描述了出口退税对实际 GDP 影响的回归结果，如表中所示，在控制了上一期研发投入、开放度、实际汇率、人力资本投资和自相关的影响后，模型（1）至模型（5）的结果都显示出口退税对实际 GDP 有显著的推动作用，这个结果在 1% 的显著性水平上显著。因此，在控制了其他因素的影响后，出口退税与实际 GDP 仍具有显著的正相关关系，说明出口退税确实能够推动我国经济的发展，这一回归结果也与现有理论界研究得到的结果相符。

综上所述，实证检验结果显示，出口退税确实能够促进出口发展，提高出口占比，推动经济发展。

## 第二节　差异性出口退税率对不同
## 技术行业规模的影响

为了检验理论分析的结果，首先使用面板数据分别分析出口退税率变动对资源型、初级及低技术产业的影响及出口退税率变动对较高技术行业的影响。

### 一　技术分类

实证分析需要对我国的产业进行技术分类。目前理论界有多种行业技术分类方法，最基本的是把各产业分为技术密集型、劳动密集型、规模密集型和科学技术型（Pavitt，1984），但这种分类方法过于简单且各分类之间易重叠，因此实用性较弱。哈兹赤隆（Hatzichronoglou，1996）基于行业技术生产投入程度，把以上各分类细化。洛（Lall，2000）结合以上两种分类方法，对照 SITC 三位数分类，基于行业技术含量不同，把各行业划分为十大技术类别。因此，根据洛（Lall，2000）的技术分类体系，结合中国统计分类方法，把我国行业分为十大技术类别，具体分类如表6－4所示。

表6－4　行业技术分类体系

| 类　别 | 产业 | 行业示例 |
|---|---|---|
| PP | PP初级产品产业 | 煤炭采选业、石油和天然气开采业、黑色金属矿采选业、有色金属矿采选业、非金属矿采选业、其他采矿业等 |
| RB资源型产业 | RB1农业加工业 | 农副食品加工业，食品制造业，饮料制造业，烟草加工业，木材加工及竹、藤、棕、草制品业等 |
| | RB2其他资源型产业 | 非金属矿制品业，黑色金属冶炼及压延加工业，有色金属冶炼及压延加工业，电力、蒸汽、热水的生产和供应业，煤气生产和供应业，自来水的生产和供应业，石油加工及炼焦业 |
| LT低技术制成品业 | LT1纺织服装产业 | 纺织业，服装及其他纤维制品制造业，皮革、毛皮、羽绒及其制品业等 |
| | LT2其他低技术产业 | 家具制造业、造纸及纸制品业、印刷、记录媒介的复制业、文教体育用品制造业、橡胶制品业、塑料制品业等 |
| MT中技术制成品业 | MT1汽车工业 | 交通运输设备制造业 |
| | MT2中技术加工业 | 化学原料及化学制品制造业、化学纤维制造业 |
| | MT3工程机械产业 | 通用设备制造业、专用设备制造业 |
| HT高技术制成品业 | HT1电子电力产业 | 电气机械及器材制造业、电子及通信设备制造业 |
| | HT2其他高技术产业 | 仪器仪表及文化、办公用机械制造业，医药制造业 |

## 二　数据样本描述

基于以上技术分类，利用《中国统计年鉴》（1995～2012年）、《中国财政统计年鉴》（1995～2012年）、《中国海关统计年鉴》（1995～2012年）和我国自1994年以来关于出口退税的变动政策的数据①，把我国行业划分为 PP、RB1、RB2、LT1、LT2、MT1、MT2、MT3、HT1、HT2 十大类，得到这十大类行业1994～2011年的实际工业总产值 $VIO(Real$，单位：亿元）② 和出口退税率 $ETRR$（单位:%）的面板数据，数据样本描述如表6-5所示。数据样本中还包括可能影响产业总产值的其他因素，

---

① 各行业出口退税率数据来源：1994年《出口货物退（免）税管理办法》（国税发〔1994〕031号）、2003年《财政部、国家税务总局关于调整出口货物退税率的通知》（财税〔2003〕222号）、2006年《关于调整部分商品出口退税率和增补加工贸易禁止类商品目录的通知》（财税〔2006〕139号）、2007年《财政部 国家税务总局关于调低部分商品出口退税率的通知》（财税〔2007〕90号）、2008年《财政部 国家税务总局关于调整纺织品服装等部分商品出口退税率的通知》（财税〔2008〕111号）、《关于提高部分商品出口退税率的通知》（财税〔2008〕138号）、《关于提高劳动密集型产品等商品增值税出口退税率的通知》（财税〔2008〕144号）、《关于提高部分机电产品出口退税率的通知》（财税〔2008〕177号）、2009年《关于提高轻纺、电子信息等商品出口退税率的通知》（财税〔2009〕43号）、《关于进一步提高部分商品出口退税率的通知》（财税〔2009〕88号）、2010年《关于取消部分商品出口退税的通知》（财税〔2010〕57号）、2011年《国家税务总局关于调整出口退税率文库的通知》（货便函〔2011〕130号）、2012年《财政部 国家税务总局关于出口货物劳务增值税和消费税政策的通知》（财税〔2012〕39号）。

② 根据式（5-53）$\begin{cases} p' < p \\ Q_{A1}' < Q_{A1} \end{cases}$、式（5-56）$\begin{cases} q'' > q \\ Q_{A2}'' > Q_{A2} \end{cases}$ 和式（5-57）$\begin{cases} |p - p'| > |q - q''| \\ |Q_{A1} - Q_{A1}'| > |Q_{A2} - Q_{A2}''| \end{cases}$，可得 $(p' - p)(Q_{A1}' - Q_{A1}) > (q'' - q)(Q_{A2}'' - Q_{A2})$，即每个行业的总产值与出口退税率的变动方向一致，因此使用每个行业的总产值来衡量每个行业的总体规模变动情况。

如实际研发投入 $R\&D(Real$，单位：亿元）、实际 GDP（单位：亿元）、实际汇率变动 $ExchangeRate(Real$，人民币兑美元）、人力资本投资 $HumanCapital$（单位：年）、开放度 $Openness$（单位:%）、实际资本存量 $TotalCapital(Real)$（单位：亿元）、从业人员 $Labor$（单位：万人）（Solow，1956；Chao 等，2001；Chen 等，2006；孙文杰，2010；魏龙，2011；余泳泽，2011）。

表 6 - 5  面板数据样本描述

| 变 量 | 观察数 | 期望值 | 标准差 | 最小值 | 最大值 |
| --- | --- | --- | --- | --- | --- |
| $VIO(Real)$ | 180 | 172.790 | 205.660 | 11.844 | 1387.561 |
| $ETRR(\%)$ | 180 | 20.851 | 7.720 | 7.860 | 37.140 |
| $R\&D(Real)$ | 180 | 15.223 | 15.676 | 2.015 | 52.104 |
| $GDP(Real)$ | 180 | 1260.055 | 721.852 | 481.979 | 2831.709 |
| $ExchangeRate(Real)$ | 180 | 5.974 | 1.122 | 3.874 | 8.619 |
| $HumanCapital$ | 180 | 7.731 | 0.630 | 6.640 | 8.671 |
| $Openness$ | 180 | 46.652 | 10.965 | 31.812 | 65.170 |
| $TotalCapital(Real)$ | 180 | 24306.73 | 30989.02 | 1770.14 | 218734.00 |
| $Labor$ | 180 | 729.648 | 373.126 | 157.720 | 1642.100 |

## 三  回归方程

使用计量软件 Stata 11.0 对以下方程进行面板数据的回归分析：

$$\ln VIO_{it} = \alpha + \beta_1 \times MH + \beta_2 \times \ln ETRR_{it} + \beta_3 \times$$
$$MH \times \ln ETRR_{it} + \beta_4 \ln R\&D_{t-1} + \beta_5 \ln GDP_t +$$
$$\beta_6 \ln ER_t + \beta_7 \ln Opes_t + \beta_8 \ln HC_t + \beta_9 \ln TC_{it} +$$
$$\beta_{10} \ln Labor_{it} + u_i + v_t + \varepsilon_{it} \qquad (6-10)$$

其中，据表 6 - 4，引入代表中高级技术产业的虚拟变量 $MH$[①]：

$$MH = \begin{cases} 0, & if = PP、RB1、RB2、LT1、LT2 \\ 1, & if = MT1、MT2、MT3、HT1、HT2 \end{cases}$$

此外，被解释变量 $\ln VIO$ 包含了 PP、RB1、RB2、LT1、LT2、MT1、MT2、MT3、HT1、HT2 十个行业的实际工业总产值的对数，解释变量为出口退税率 $\ln ETRR_{it}$，控制变量为也会影响产业结构变动的其他因素，包括上一期研发投入 $\ln R\&D_t$、实际 GDP$\ln GDP_t$、实际汇率 $\ln ER_t$、人力资本投资 $\ln HC_t$、开放度 $\ln Open$、行业实际资本存量 $\ln TC_{it}$、行业从业人员 $\ln Labor_{it}$。因此，据式（6 - 10），$\beta_2$ 代表出口退税率变动对初低级技术行业总产值的影响，$\beta_2 + \beta_3$ 代表出口退税率变动对中高级技术行业总产值的影响，$\beta_3$ 代表出口退税率变动引起初低级技术行业总产值变动与引起中高级技术行业总产值变动之间的差距。

## 四 回归结果

回归使用数据涉及时间序列问题，对数据进行平稳性检验，结果如表 6 - 6 所示。

此外，对模型型进行豪斯曼检验和 Breusch-Pagan 检验，结果如表 6 - 7 所示。

据表 6 - 6 单位根检验结果与表 6 - 7 豪斯曼检验和 Breusch-Pagan 检验结果，选择使用二阶差分的随机效应模型、分步回归法对方程（6 - 10）进行回归，结果如表 6 - 8 所示。

---

① 具体行业分类方法参看表 6 - 4 行业技术分类体系。

表 6 - 6　单位根检验结果

| 变量 | Levin-Lin-Chu 检验 | Harris-Tzavalis 检验 | 差分阶数 | Levin-Lin-Chu 检验 | Harris-Tzavalis 检验 | 差分阶数 | Levin-Lin-Chu 检验 | Harris-Tzavalis 检验 | 结论 |
|---|---|---|---|---|---|---|---|---|---|
|  | Adjusted t | p |  | Adjusted t | p |  | Adjusted t | p |  |
| ln$VIO$ | 1.7608 | 1.054 | 0 | -0.964 | 0.461 *** | 1 | -6.812 *** | -0.310 *** | I(2) |
| ln$ETRR$ | 0.629 | 0.848 | 0 | -5.509 *** | 0.215 *** | 1 | -9.703 *** | -0.403 *** | I(1) |
| ln$R\&D$ | 1.403 | 0.989 | 0 | -4.707 *** | 0.091 *** | 1 | -5.605 *** | -0.412 *** | I(1) |
| ln$GDP$ | 4.473 | 1.032 | 0 | -2.853 *** | 0.674 *** | 1 | -9.941 *** | -0.164 *** | I(1) |
| ln$ER$ | 8.327 | 0.972 | 0 | -0.210 | 0.358 *** | 1 | -7.162 *** | 0.030 *** | I(2) |
| ln$HC$ | -3.821 *** | 0.943 | 0 | -9.381 *** | -0.130 *** | 1 | -22.481 *** | -0.418 *** | I(1) |
| ln$Open$ | -1.235 | 0.885 | 0 | -3.037 *** | 0.231 *** | 1 | -4.047 *** | -0.491 *** | I(1) |
| ln$TC$ | 5.920 | 1.011 | 0 | -4.806 *** | -0.381 *** | 1 | -22.300 *** | -0.630 *** | I(1) |
| ln$Labor$ | 0.128 | 0.969 | 0 | -1.296 * | 0.424 *** | 1 | -6.164 *** | -0.399 *** | I(1) |

注：* 为 $p < 0.10$，** 为 $p < 0.05$，*** 为 $p < 0.01$。

表 6 – 7    豪斯曼检验和 Breusch-Pagan 检验结果

| 方程 | 豪斯曼检验 | | Breusch-Pagan 检验 | | | 结论 |
|---|---|---|---|---|---|---|
| | $\chi^2(5)$ | Prob > $\chi^2$ | Var ( lnRAV_PRL ~ e) | $\chi^2(1)$ | Prob > $\chi^2$ | |
| (6 – 10) | 0.01 | 1.0000 | 0.0075 | 4.65 | 0.031 | 随机效应 |

表 6 – 8 的回归结果显示在控制了研发投入、GDP、汇率、人力资本投资、开放度、资本存量、行业从业人员之后，出口退税对不同技术行业的影响。[①] 如表 6 – 8 所示，$\beta_2$ 在模型（1）至模型（8）中符合都为正，$\beta_2$ 的值在 0.6 ~ 0.8 之间，说明出口退税率的变动与 PP、RB 和 LT 行业的总产值正相关；$\beta_2 + \beta_3$ 在模型（1）至模型（8）中符合都为正，$\beta_2 + \beta_3$ 的值在 0.2 ~ 0.4 之间，说明出口退税率的变动与 MT 和 HT 行业的增加值也是正相关。此外，$\beta_3$ 在模型（1）至模型（8）中符合都为负，$\beta_3$ 的值为 – 0.6 ~ – 0.2，说明出口退税的变动对 PP、RB 和 LT 行业的行业增加值的影响更大。这与第五章理论模型分析的结论一致，即出口退税率确实能够影响产业规模，且出口退税率对中高级技术产业的影响小于对初低级技术产业的影响。因此，当根据产业政策目标对不同技术密集程度的产业给予不同出口退税率，即给予差异性退税率时，确实能够调整一国产业结构，优化产业布局。但通过降低出口退税率收缩初低级技术行业的效应较大，通过提高出口退税率以促进中高级行业发展的效应要小一些。

---

① 除出口退税率外，经济发展程度 GDP、经济开放程度、劳动力投入也同样显著地影响产业规模（Solow，1956；Chao 等，2001；Chen 等，2006；孙文杰，2010；魏龙，2011；余泳泽，2011）。

表6-8　式（6-10）分步回归结果

| | | (1)<br>Model 1 | (2)<br>Model 2 | (3)<br>Model3 | (4)<br>Model4 | (5)<br>Model5 | (6)<br>Model6 | (7)<br>Model7 | (8)<br>Model8 |
|---|---|---|---|---|---|---|---|---|---|
| $MH$ | $\beta_1$ | -0.005<br>(0.014) | -0.004<br>(0.013) | -0.004<br>(0.011) | -0.004<br>(0.011) | -0.005<br>(0.009) | -0.005<br>(0.009) | -0.005<br>(0.009) | -0.004<br>(0.009) |
| $\ln ETRR$ | $\beta_2$ | 0.685***<br>(0.138) | 0.812***<br>(0.134) | 0.805***<br>(0.116) | 0.786***<br>(0.117) | 0.759***<br>(0.096) | 0.756***<br>(0.096) | 0.752***<br>(0.096) | 0.706***<br>(0.092) |
| $MH \times \ln ETRR$ | $\beta_3$ | -0.489**<br>(0.225) | -0.611***<br>(0.212) | -0.592***<br>(0.184) | -0.527***<br>(0.194) | -0.432***<br>(0.159) | -0.416***<br>(0.159) | -0.408**<br>(0.160) | -0.352**<br>(0.153) |
| $\ln R\&D$ | $\beta_4$ | | 0.006<br>(0.013) | 0.019*<br>(0.011) | 0.017<br>(0.011) | 0.008<br>(0.009) | 0.008<br>(0.009) | 0.008<br>(0.009) | 0.014<br>(0.009) |
| $\ln GDP$ | $\beta_5$ | | | 1.959***<br>(0.279) | 1.897***<br>(0.285) | 0.509*<br>(0.285) | 0.483*<br>(0.285) | 0.533*<br>(0.294) | 0.493*<br>(0.280) |
| $\ln ER$ | $\beta_6$ | | | | -0.126<br>(0.124) | -0.117<br>(0.101) | -0.118<br>(0.101) | -0.122<br>(0.101) | 0.0209<br>(0.103) |
| $\ln Open$ | $\beta_7$ | | | | | 0.316***<br>(0.037) | 0.309***<br>(0.038) | 0.302***<br>(0.039) | 0.248***<br>(0.039) |
| $\ln HC$ | $\beta_8$ | | | | | | 0.256<br>(0.199) | 0.207<br>(0.212) | 0.403*<br>(0.207) |
| $\ln TC$ | $\beta_9$ | | | | | | | -0.014<br>(0.020) | 0.029<br>(0.022) |
| $\ln Labor$ | $\beta_{10}$ | | | | | | | | 0.246***<br>(0.06) |
| 常数项 | $\alpha$ | 0.017*<br>(0.010) | 0.008<br>(0.009) | 0.003<br>(0.008) | 0.003<br>(0.008) | 0.004<br>(0.006) | 0.004<br>(0.006) | 0.004<br>(0.006) | 0.005<br>(0.006) |
| $N$ | | 160 | 150 | 150 | 150 | 150 | 150 | 150 | 150 |
| 调整的 $R^2$ | | 0.142 | 0.210 | 0.412 | 0.416 | 0.613 | 0.617 | 0.619 | 0.658 |

注：括号内为标准差；* 为 $p<0.10$，** 为 $p<0.05$，*** 为 $p<0.01$；回归使用聚类稳健标准差。

## 第三节　差异性出口退税率对产业结构的影响

本节对出口退税的产业结构优化效应进行实证检验。首先，在第一章产业结构和产业结构优化探讨的基础上，提炼出产业结构优化的一系列指标；其次，进行回归前的理论预期；最后，对这些指标进行回归分析，从实证分析中探讨出口退税是否具有产业结构的优化效应。

### 一　产业结构优化升级指标

根据第一章对产业结构和产业结构优化内涵的分析，本章提炼出以下指标代表产业结构优化的程度：

#### （一）三次产业间比例变动

即产业结构重心由第一产业向第二产业，进而向第三产业转移，我们选用服务业比重（$Service/GDP$）来代表三次产业间比例变动情况，即以服务业占 GDP 比重来衡量产业重心向以交通运输、贸易、研究开发、计算机软件和网络通信等为主的现代服务业转移程度。

#### （二）工业产业内比例变动

即产业结构由劳动密集型、资本密集型产业占优，向技术密集型产业占优演变；由低加工、低技术投入、低附加值产业占优向高加工、高技术投入、高附加值产业占优演变。

我们基于表 6-4 我国行业技术分类体系的行业分类结果，提出衡量我国工业产业内部结构优化的三个指标 $PRL/ALL$、$MH/ALL$ 及 $MH/PRL$。其中，$PRL/ALL$ 为初级、资源型和低级产业增加值比重，主要衡量工业产业内低加工、低技术投入、低附

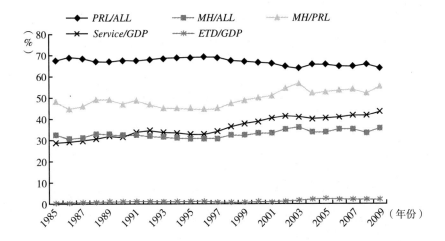

**图 6 - 1 1985～2009 年产业结构优化升级指标变动**

加值产业占比变动情况，如图 6 - 1 所示，其公式为：

$$PRL/ALL = \frac{PP + RB + LT1 + LT2}{当年全国总工业增加值} \qquad (6 - 11)$$

$MH/ALL$ 为中级和高级产业增加值比重，衡量工业产业内较高加工程度、较高技术投入和较高附加值产业占比变动情况，其公式为：

$$MH/ALL = \frac{MT1 + MT2 + MT3 + HT1 + HT2}{当年全国总工业增加值} \qquad (6 - 12)$$

$MH/PRL$ 为中高级产业与初低级产业之比，衡量工业产业结构的总变动情况，其公式为：

$$MH/PRL = \frac{MT1 + MT2 + MT3 + HT1 + HT2}{PP + RB1 + RB2 + LT1 + LT2} \qquad (6 - 13)$$

图 6 - 1 是我国 1985～2009 年产业结构优化升级指标变动，图 6 - 2 是 1986～2009 年产业结构优化升级指标增长率变动。从中我们可以看到，$PRL/ALL$，即初级、资源型和低级产业增加值比重

137

几十年来是在缓慢下降的，*MH/ALL*、*MH/PRL* 和 *Service/GDP* 即中级和高级产业增加值比重、中高级产业与初低级产业之比都在缓慢上升中。*ETD/GDP* 是出口退税额占 GDP 的比重，也在缓慢上升。但这还不能看出几个指标间是否有相关关系，因此需要更进一步的回归。

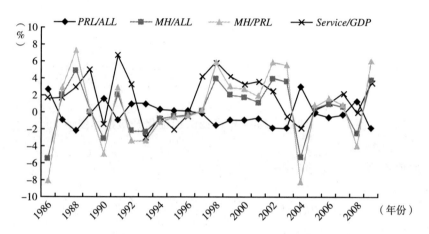

**图 6 – 2　1986～2009 年产业结构优化升级指标增长率变动**

### （三）产业结构的低碳化

即国民经济产业绿色化，资源消耗降低，环境污染减少。我们使用单位工业增加值能耗 IAVEC（Industrial Added Value of Energy Consumption），即一定时期内，一个国家或地区每生产一单位的工业增加值所消耗的能源，来测算经济发展过程中，特别是我国制造业扩张过程中，经济增长方式由粗放型发展向集约型转变的程度。

图 6 – 3 为 1990～2008 年产业结构低碳化指标变动，如图所示，我国单位工业增加值能耗近 20 年来逐步降低，我们需要进一步分析以确认出口退税对降低我国单位耗能的作用是否显著。

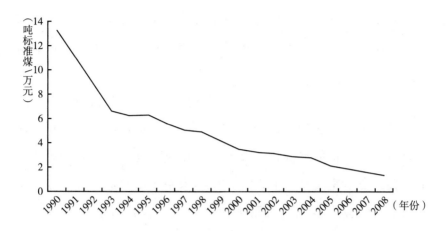

图 6 – 3　1990～2008 年产业结构低碳化指标变动

## 二　理论预期

现在学者们大多认同差别化的出口退税率能够通过多种渠道优化产业结构，如王复华（1998）、刘小军（1999）、郭辉明等（2004）、陈军才等（2005）、陈虎（2007）、何晴等（2009）、王晓雷（2007）等。

在上一章中，我们基于赵志钜（Chao，Chi-Chur）的一般均衡模型进行扩展（Chao 等，2001；Chao 等，2006），结合国际宏观经济学中的模型，构建出口退税的产业结构优化效应模型，分析差异性出口退税率对产业结构变动的影响。模型结论是，国家对于不同行业采取不同出口退税率的鼓励产业结构优化政策是有效的。对于技术较低的行业，降低出口退税率将带来该行业产品有效价格的下降和产出减少，而对于技术水平较高的行业，提高出口退税率将促进该行业的生产发展，提高有效价格，增加产出。同时，高新产业发展受限于研发力度、科技发展水平和人力资本水平，受需求影响较小，出口退税对高新技术产业的促进效应被弱化。因此，通过降低出口退税率收缩中低技术行业的效应会较为显著，通过提高出口退税率促进高新技术行业发展的效应将被弱化。

基于现阶段经济学家们对差异性出口退税率的探讨和上一章中的模型结论，我们可以预期，差异性出口退税率能够优化三次产业间比例，也能够优化工业产业内比例，推动产业结构由劳动密集型、资本密集型产业占优，向技术密集型产业占优演变；由低加工、低技术投入、低附加值产业占优向高加工、高技术投入、高附加值产业占优演变。差异性出口退税率对中低技术行业的影响将超过对高新技术行业的影响；同时，由于近年来我国设置差异性出口退税率的目标之一在于抑制"两高一低"产品出口，促进节能减排，因此出口退税能够提高产业结构低碳化程度。

## 三　回归方程

我们基于如下模型，使用计量软件 Stata 11.0 进行回归分析：

$$
\begin{aligned}
Dependent_{it} &= \alpha + \beta_1 \ln ETRR_t + X_t + e_t \\
X_t &= \beta_2 \ln R\&D_{t-1} + \beta_3 HC_t + \beta_4 \ln Opes_t + \\
&\quad \beta_5 \ln RER_t + \beta_6 \ln RGDP_t + u_t
\end{aligned}
\tag{6 - 14}
$$

其中，被解释变量 $Dependent_{it}$ 为产业结构优化升级指标，$i = PRL/ALL$、$MH/ALL$、$MH/PRL$、$Service/GDP$ 和 $IVAEC$。解释变量 $ETRR_t$ 为出口退税率（Export Tax Rebate Rate），即我国 $t$ 年出口退税占出口总额比率；$X_t$ 为控制变量，包括其他可能的影响变量，如上一期研发投入、开放度、实际汇率、人力资本、实际 GDP 和自相关程度。其中，$R\&D_t$ 为上一期研发投入（R&D Investment$_{t-1}$），即我国 $t-1$ 年的研发投入（单位：亿元）；$Opes_t$

为我国 $t$ 年开放度（Openness），用外贸依存度来表示（单位:%）；$RER_t$ 为我国 $t$ 年面对的人民币表示的实际汇率（Real Exchange Rate，人民币兑美元）；$HC_t$ 为我国 $t$ 年人力资本（Human Capital），用每年人均受教育程度来表示（单位：年）；$RGDP_t$ 是我国第 $t$ 年的实际 GDP，即排除了通货膨胀的因素后，我国第 $t$ 年的实际 GDP（单位：亿元）（Solow，1956；Chao 等，2001；Chen 等，2006；孙文杰，2010；魏龙，2011；余泳泽，2011）。

## 四　数据来源及平稳性检验

本节的数据来源于 1985～2010 年《中国统计年鉴》及 1985～2010 年《中国财政统计年鉴》并根据物价平减指数测算出实际数据。由于使用的回归数据属于时间序列数据，因此回归前需要进行数据的平稳性检验。这里使用 E - G 检验（Engle and Granger Two-Step Test）。

第一步，对回归方程（6 - 14）进行回归：

$$
\begin{aligned}
Dependent_{it} &= \alpha + \beta_1 \ln ETRR_t + X_t + Z_t \\
X_t &= \beta_2 \ln R\&D_{t-1} + \beta_3 HC_t + \beta_4 \ln Opes_t + \\
&\quad \beta_5 \ln RER_t + \beta_6 \ln RGDP_t
\end{aligned}
\tag{6 - 15}
$$

回归后，得到残差 $Z_t$：

$$
\begin{aligned}
Z_t &= Dependent_{it} - \alpha - \beta_1 \ln ETRR_t + X_t \\
X_t &= \beta_2 \ln R\&D_{t-1} + \beta_3 HC_t + \beta_4 \ln Opes_t + \\
&\quad \beta_5 \ln RER_t + \beta_6 \ln RGDP_t
\end{aligned}
\tag{6 - 16}
$$

第二步，把滞后一期的残差项代入回归方程（6 - 15）的一阶差分中：

$$\Delta Dependent_{it} = \alpha + \beta_1 D\ln ETRR_t + \Delta X_t + b_7 Z_{t-1}$$
$$\Delta X_t = \beta_2 \Delta\ln R\&D_{t-1} + \beta_3 \Delta HC_t + \beta_4 \Delta\ln Opes_t + \tag{6-17}$$
$$\beta_5 \Delta\ln RER_t + \beta_6 \Delta\ln RGDP_t$$

最后，对残差项的显著性进行检验，对包含五个不同的被解释变量 $PRL/ALL$ 、$MH/ALL$ 、$MH/PRL$ 、$Service/GDP$ 和 $IVAEC$ 的方程（6-14）进行 E-G 两阶段回归后，回归结果如表6-9所示。

表6-9 数据平稳性 E-G 检验结果

| $Dependent_{it}$ | $b_7$ |
|---|---|
| $Service/GDP$ | -0.133 (0.483) |
| $PRL/ALL$ | -0.431 (0.596) |
| $MH/ALL$ | -0.012 (0.881) |
| $MH/PRL$ | -0.431 (0.596) |
| $Service/GDP$ | -0.001 (0.980) |

注：括号内为标准差； * 为 $p < 0.10$， ** 为 $p < 0.05$， *** 为 $p < 0.01$。

据表6-9我们可以知道，残差项的系数在以上五个回归方程中都不显著，因此以上五个方程都是平稳的，我们可以进一步对计量模型（6-14）进行回归分析。

## 五 回归结果

我们使用计量软件 Stata 11.0 对方程（6-14）进行回归分析，回归结果如表6-10所示。

表6-10显示了各产业结构优化指标回归结果，即在控制了

技术投入、人力资本投资、开放度、实际汇率、实际 GDP 和自相关问题对我国产业结构的影响后，出口退税对各产业结构优化指标的影响。

表 6 – 10 各产业结构优化指标回归结果

| | （1） | （2） | （3） | （4） | （5） |
|---|---|---|---|---|---|
| | *Service/GDP* | *PRL/ALL* | *MH/ALL* | *MH/PRL* | *IAVEC* |
| $ETRR_t$<br>出口退税率 | 0.264 ***<br>（0.058） | – 0.03 **<br>（0.015） | 0.022<br>（0.038） | 0.03 **<br>（0.015） | – 0.028<br>（0.097） |
| $R\&D_{t-1}$<br>上一期研发投入 | 0.021<br>（0.063） | – 0.003<br>（0.0036） | 0.005<br>（0.005） | 0.003<br>（0.003） | 0.008<br>（0.015） |
| $HC_t$<br>人力资本 | 0.172<br>（0.174） | – .0018<br>（0.04） | 0.032<br>（0.07） | 0.018<br>（0.04） | 0.181<br>（0.189） |
| $Opes_t$<br>开放度 | – 0.486<br>（0.219） | 0.031<br>（0.048） | – 0.061<br>（0.084） | – 0.031<br>（0.04） | 0.159<br>（0.377） |
| $RER_t$<br>实际汇率 | 1.312 ***<br>（0.171） | – 0.09<br>（0.042） | 0.029<br>（0.094） | 0.09 **<br>（0.042） | – 0.243 **<br>（0.407） |
| $RGDP_t$<br>实际 GDP | 0.427 *<br>（0.23） | 0.042<br>（0.055） | 0.009<br>（0.146） | 0.041<br>（0.054） | – 1.464 *<br>（0.788） |
| $AR$（1）自相关 | 0.042<br>（0.416） | 0.615 **<br>（0.255） | 0.99 ***<br>（0.0103） | 0.615 **<br>（0.255） | 0.99 ***<br>（0.011） |
| $\sigma$ | 0.078 ***<br>（0.016） | 0.013 ***<br>（0.002） | 0.024 ***<br>（0.005） | 0.013 ***<br>（0.002） | 0.058 ***<br>（0.014） |
| 极大似然函数值 | 27.26 | 70.24 | 51.12 | 70.24 | 22.2 |

注：括号内为回归标准差；*** 、** 、* 分别表示 5% 、10% 、20% 的显著性水平。

## 六 结果分析

表 6 – 10 中，列（1）显示的是各因素对服务业占比的影

响，我们重点要关注的是出口退税率的结果，这个结果显示出控制了技术投入、人力资本投资、开放度、实际汇率、实际 GDP 和自相关的影响后，出口退税与服务业占 GDP 比重仍然有显著的正相关关系，说明出口退税确实能够优化三次产业间比例，优化整体产业结构。

列（2）显示的是各因素对工业产业内低加工、低技术投入、低附加值产业占比变动的影响，我们重点要关注的是平均出口退税率的结果，这个结果显示出控制了技术投入、人力资本投资、开放度、实际汇率、实际 GDP 和自相关的影响后，差异性出口退税率对我国工业产业内低加工、低技术投入、低附加值产业扩张具有显著的负影响，即我国出口退税政策的变动能够显著地促进这些行业收缩，达到优化产业结构的目的。

列（3）显示的是各因素对我国工业产业内较高加工程度、较高技术投入和较高附加值产业的影响，我们重点要关注的是平均出口退税率的结果，这个结果显示出控制了技术投入、人力资本投资、开放度、实际汇率、实际 GDP 和自相关的影响后，差异性出口退税率对我国工业产业内较高加工程度、较高技术投入和较高附加值产业扩张具有积极作用，但影响不显著，即我国出口退税政策的变动有助于中高技术行业的扩张，影响作用不显著。

列（4）显示的是各因素对工业产业中高级产业与初低级产业之比的影响，我们重点要关注的是平均出口退税率的结果，这个结果显示出控制了技术投入、人力资本投资、开放度、实际汇率、实际 GDP 和自相关影响后，差异性出口退税率对整体产业结构具有显著的正效应，即出口退税确实能够改善中高级产业与初低级产业之比，促进总体产业结构的优化升级，且这种优化效应是显著的。

列（5）显示的是各因素对单位工业增加值能耗的影响，我们重点要关注的是平均出口退税率的结果，这个结果显示出控制了技术投入、人力资本投资、开放度、实际汇率、实际 GDP 和自相关的影响后，差异性出口退税率能够降低单位工业增加值能耗，但效果不显著，即出口退税能够降低资源消耗，促进节能减排，提高产业结构低碳化程度，但作用是不显著的。

综上所述，我国差异性出口退税政策能够有效优化三次产业间比例，显著地促进我国工业产业内低加工、低技术投入、低附加值产业收缩；能够有效改善中高级产业与初低级产业之比，促进总体产业结构的优化升级；有助于我国工业产业内较高加工程度、较高技术投入和较高附加值产业的扩张，但影响作用不显著。此外，出口退税能够降低资源消耗，促进节能减排，提高产业结构低碳化程度，但作用是不显著的。

## 七 结果补充说明

差异性出口退税政策能够优化整体产业结构和工业产业内部结构，并且能够有效收缩资源型、低加工、低技术投入、低附加值行业的规模，但是对较高加工程度、较高技术投入和较高附加值产业的规模扩张效应不显著，即差异性出口退税率对中低技术行业的影响将超过对高新技术行业的影响，这主要有以下原因。

一是高新技术产品的出口退税率一直维持在较高水平，如船舶、汽车及其关键零部件、航空航天器、数控机床、加工中心、印刷电路、铁道机车等出口退税率为 17%，2004 年差异性出口退税改革仍然维持 17% 的高退税率，因此进一步通过提高出口退税率而促进高新技术产业发展的空间有限。

二是与理论模型预测相符，高新产业发展受限于研发力度、科技发展水平和人力资本水平，较少依靠降低成本获得价格竞争优势来拓展产业发展空间。因此，我国通过差异性出口退税政策来促进我国产业结构调整和优化的效果是显著的，但对于中级、高级行业的发展，应更多依靠技术创新和人力资本投资，出口退税政策只是一种辅助政策，虽然有效，但效果不显著。

三是企业通过出口退税优惠获得的收益并未转化成研发投入，企业并没有积极主动投入研发，出口退税反而造成出口企业的依赖性和研发的懒惰性（黄英胜，2008）；即便给予出口企业高于平均水平的出口退税率也只是让企业继续原有的生产方式，因此出口退税的引导效应不显著。

# 第四节　小结

在本章中使用 1985～2012 年中国《中国统计年鉴》及《中国财政统计年鉴》的数据实证检验了出口退税对出口总额、GDP 和出口占比是否具有显著的正面影响；同时，在第一章的洛分类（Lall，2000）的产业结构分类方法基础上，提出产业结构优化的一系列指标，对出口退税的产业结构优化效应进行了实证检验，以检测在实际经济运行中和政策实践中第五章模型推导的结论，即出口退税的产业结构优化效应是否具有实际意义。实证结果显示的内容如下。

第一，出口退税对出口总额、GDP 和出口占比具有显著为正的影响，即出口退税确实能够促进出口发展，提高出口占比，促进一国经济发展。

第二，我国差异性出口退税政策能够有效优化三次产业间比例。

第三，我国差异性出口退税政策能够显著地促进我国工业产业内低加工、低技术投入、低附加值产业收缩。

第四，我国差异性出口退税政策能够有效改善中高级产业与初低级产业之比，促进总体产业结构的优化升级，且这种优化效应是显著的。

第五，我国差异性出口退税政策有助于我国工业产业内较高加工程度、较高技术投入和较高附加值产业的扩张，但影响作用不显著。

第六，我国差异性出口退税政策能够降低资源消耗，促进节能减排，提高产业结构低碳化程度，但影响作用是不显著的。

因此，通过差异性出口退税政策来促进我国产业结构调整和优化的效果是显著的。对于通过差异性出口退税政策促进工业产业内低加工、低技术投入、低附加值产业收缩的效果也是显著的；但对于促进中级、高级行业的发展，出口退税政策只能作为一种辅助性手段，应更多依靠技术创新和人力资本投入来促进产业升级。

# 第七章 出口退税、关税、汇率机制的
## 协同与产业结构优化的效应

在本章中，我们在前面第四章至第六章研究结果的基础上，进一步综合分析出口退税、关税和汇率的关系，以及关税和汇率如何影响出口退税的产业结构优化效应。

在全球化经济条件下，出口退税政策不可能被独立使用，通常与关税、汇率等政策搭配使用，调节出口贸易、促进经济发展和优化经济结构。因此，综合考虑出口退税与关税、汇率的关系，以及关税、汇率如何影响出口退税的产业结构优化效应是十分必要的。本章第一节分析出口退税和关税之间的关系，探讨关税如何影响出口退税对出口产业的作用渠道；第二节分析出口退税和汇率的关系，汇率如何影响出口退税对出口产业的作用渠道。

## 第一节 出口退税与关税

出口退税和关税都能够直接影响出口商品的成本和国际市场售价，此外，它们还能够直接或间接影响宏观经济。关税对宏观经济具有短期扩张、长期收缩的影响；出口退税对经济增长具有显著的正效应。出口退税和关税的作用常常是相互依存、相互影响的。

此外，在关税条件下，出口退税对于出口产业的发展极为重要。对于存在贸易保护的国家而言，出口退税通过为出口产业提供不高于国际市场价格的进口部件，增强出口产品的国际竞争力，促进出口产业的发展。此外，当各国都采用消费地征税原则时，对一国出口商品退免该商品在本国已缴纳的增值税和消费税，使其以不含税的价格进入他国市场，由进口国对该商品征税，符合国际税收协调原则。此时，关税和出口退税被同时使用以确保国际税收原则实现，避免双重征税。

因此，我们需要具体探讨出口退税和关税的相互影响，特别是在关税条件下，出口退税的产业结构优化效应是否受到影响？影响程度和影响方向如何？首先，我们分析关税对宏观经济的影响；其次，我们分析出口退税和关税的关系；最后，我们探讨关税条件下，出口退税的产业结构影响渠道的变动。

## 一　关税的宏观经济影响

20 世纪 60 年代，蒙代尔（Mundell，1961）开创了关税的宏观经济影响的现代理论，提出关税的收缩性命题，即关税能够增加储蓄、减少总需求、恶化经常性项目收支、改善贸易条件。埃奇格瑞（Eichengreen，1981）在宏观动态背景中，进行了关税效应的动态化模型分析，强调关税的跨期替代问题。他利用货币替代模型进行分析，确认了蒙代尔的关税收缩性效应在长期中是成立的。但是，他认为关税的短期效应有可能是扩展的，即能够给予国内经济特别的保护。

托洛维斯基（Tulowitzki，2002）把关税引入两部门模型中，进一步分析关税对跨期效应的影响。在假设征收关税获得的收益由总量的形式分配给代理人的情况下，他的结论是，随着关税的上升，资本与劳动都按相同比例下降；因此以关税的形式对进口消费品征收的税收对消费者产生初始的替代效应——消费由进口品向本国厂商的生产品转移，降低了消费者的边际效应及财富的均衡边际效用，使消费者自愿供给的劳动量降低，资本的生产性也相应降低，资本存量、就业和产出长期内均降低——这与埃奇格瑞（Eichengreen，1981）的长期分析结果吻合。但是，托洛维斯基（Tulowitzki，2002）认为，短期内就业是下降的，并不存在埃奇格瑞（Eichengreen，1981）预期的显著的跨期替代的正效应。此外，长期资本存量的下降带来投资率的降低和经常性项目的盈余，减弱了关税的储蓄效应。

总体而言，关税对宏观经济的影响虽然短期内具有一些扩张性的正面效应，但长期内资本存量、就业和产出都降低，具有收缩效应。因此，在关税对宏观经济具有短期扩张、长期收缩影响的背景下，我们引入出口退税率，探讨出口退税与关税的问题。

## 二 模型框架

本章的模型是在第四章和第五章出口退税的产业结构优化模型分析框架下继续分析。假设本国生产两种最终产品，可出口品 $A$ 和可进口品 $B$，$A$ 目前处于成熟期的行业，属于国内支柱产业，大量向国外出口；$A$ 和 $B$ 的生产过程中，都需要投入一种合成中间品 $M$。为了简要说明问题，假设 $A$ 产品属于本国大量存在的，进口重要器件组装后再出口行业及"两高一资"的出口产品，资本劳动比低于中间产品 $M$；$B$ 产品属于国际高端产品，资本劳动比高于中间产品 $M$，自然也高于 $A$。合成中间品 $M$ 的生产函数如下所示：

$$M = f(M_d, M_f) = M_d^\alpha M_f^{1-\alpha} \qquad (7-1)$$

其中，$M_d$ 代表合成生产中间产品 $M$ 所使用的国内中间材料，$M_f$ 为需要使用的国外进口材料，取 $M$ 的单位价格为 $m$，$M_d$ 的单位价格为 $m_d$，$M_f$ 的单位价格为 $m_f$，设 $m$ 为柯布-道格拉斯的特殊形式：

$$m = \delta m_d^\alpha m_f^{1-\alpha} \qquad (7-2)$$

其中，$\delta = \alpha^\alpha (1-\alpha)^{(1-\alpha)} (0 \leqslant \alpha \leqslant 1)$；$m_t = m_t^* + t$，$m_t^*$ 是进口 $M_f$ 的国际价格，$t$ 是进口时所缴的进口关税。为了简单化处理，设 $A$ 产品的生产函数为固定系数函数；$B$ 产品为基准计价单位（numeraire），价格为 1；则产品 $A$、产品 $B$ 及 $M_d$ 的生产函数为：

$$Q_A = Q_A(L_A, M_A, K_A) = \min(L_A, M_A, K_A) \qquad (7-3)$$
$$Q_B = Q_B(L_B, K_B) \qquad (7-4)$$
$$M_d = M_d(L_m, K_m) \qquad (7-5)$$

其中，$K_A$、$K_B$ 和 $K_m$ 分别为投入生产产品 $A$、产品 $B$ 及 $M_d$ 的资本量，$L_A$、$L_B$ 和 $L_m$ 分别为投入生产产品 $A$、产品 $B$ 及 $M_d$ 的劳动力。假设资本和劳动力要素能够自由流动，在充分就业条件下，有：

$$L_A + L_B + L_m = L \qquad (7-6)$$
$$K_A + K_B + K_m = K \qquad (7-7)$$

其中，$L$ 和 $K$ 分别为劳动力和资本总量。设 $\sigma$ 为生产每单位所需要进口材料的比例，即：

$$\sigma = \frac{M_f}{M} = \frac{\dfrac{(1 - \alpha m \times M)}{m_f}}{M} = \frac{1 - \alpha m}{m_f}$$

$$= \frac{1 - \alpha \delta m_d^{\alpha} m_f^{1-\alpha}}{m_f} = \delta(1 - \alpha)\left(\frac{m_d}{m_f}\right)^{\alpha} \qquad (7-8)$$

其中，$\delta = \alpha^{\alpha}(1 - \alpha)^{(1-\alpha)}$，因此有 $0 \leqslant \sigma \leqslant 1$。

## 三　模型中引入关税，考虑关税与出口退税的关系

为了单独讨论关税的影响，我们这里区分国内税收 $t_1$ 和关税 $t_2$。其中，商品在各生产环节征收增值税和消费税的总税率为 $t_1$，一般情况下 $0 < t_1 < 1$，且这里假设探讨关税变动时，国内税收 $t_1$ 为外生变量；同时，假设本国进口关税税率 $t_2$ 为内生变量，是出口退税率 $\lambda$ 的函数，$t_2 = t_2(\lambda)$，从而考虑出口退税率 $\lambda$ 的变动对关税 $t_2$ 造成的冲击。生产每单位 $A$ 所需缴纳的进口关税为：

$$\sigma = t_2 \times \frac{M_f}{Q_A} \qquad (7-9)$$

设 $A$ 的国内不含税价格为 $p$，则国内市场上的实际售价为 $p(1 + t_1) = p + pt_1$，国外以本币计算的售价为 $p^*$（含税），这里不考虑汇率问题。因此，对于生产产品 $A$ 的厂商而言，国内实际有效价格，即每销售一单位 $A$ 厂商实际收入为 $p$；以本币计算的国外有效价格为 $p^* + \lambda t_2 \sigma - pt_1 + pt_1\lambda$，其中 $\lambda t_2 \sigma$ 是包含在出口产品中的进口中间部件的出口退税额，$pt_1$ 是 $A$ 产品在国内生产过程中所上缴的间接税，包括增值税和消费税，$pt_1\lambda$ 是针对产品 $A$ 的总体出口退税额。这里，还要假设在大国模型下，出口退税率 $\lambda$ 的变动将影响世界市场价格 $p^*$。在竞争性均衡时，必然有生产产品

$A$ 的厂商不论在国内还是国外销售，所获实际收入相同，即：

$$p = p^* - pt_1 + \lambda t_2 \sigma + pt_1 \lambda$$
$$p[1 + t_1(1 - \lambda)] = p^* + \lambda t_2 \sigma \qquad (7 - 10)$$

当 $\lambda > t$ 时，出口退税发挥着出口补贴的作用。竞争均衡条件下，单位价格 = 边际成本，如下：

$$p = K(w, m, r) = w + m + r \qquad (7 - 11)$$
$$1 = \varphi(w, r) \qquad (7 - 12)$$
$$m_d = \chi(w, r) \qquad (7 - 13)$$

其中，$w$ 和 $r$ 是工资和利率，即单位劳动力价格和单位资本价格。把式（7 – 11）代入式（7 – 10）中，得：

$$(w + m + r)[1 + t_1(1 - \lambda)] = p^* + \lambda t_2 \sigma \qquad (7 - 14)$$

因为 $\sigma$ 不是常数，不能直接进行微分，替换得：

$$w[1 + t_1(1 - \lambda)] + \delta m_d^\sigma (m_f^* + t_2)^{1-\sigma}[1 + t_1(1 - \lambda)] +$$
$$r[1 + t_1(1 - \lambda)] = p^* + \lambda t_2 \delta \qquad (7 - 15)$$

对式（7 – 15）求对 $\lambda$ 的全微分，得：

$$\frac{dw}{d\lambda}[1 + t_1(1 - \lambda)] - wt_1 + \frac{dm_d}{d\lambda}\delta\alpha m_d^{\alpha-1} m_f^{1-\alpha}[1 + t_1(1 - \lambda)] - mt_1 +$$

$$[1 + t_1(1 - \lambda)]\delta m_d^\alpha(1 - \alpha)(m_f^* + t_2)^{-\alpha}\frac{dt_2}{d\lambda} + \frac{dr}{d\lambda}[1 + t_1(1 - \lambda)] - rt_1$$

$$= \frac{dp^*}{d\lambda} + t_2\sigma + t_2\delta\lambda(1 - \alpha)\alpha m_d^{\alpha-1} m_f^{-\alpha}\frac{dm_d}{d\lambda} + \lambda\sigma\frac{dt_2}{d\lambda} -$$

$$\lambda t_2\delta\alpha(1 - \alpha)m_d^\alpha(m_f^* + t_2)^{-\alpha-1}\frac{dt_2}{d\lambda}$$

$$(7 - 16)$$

化简得：

$$\frac{dt_2}{d\lambda} = \left\{ [1 + t_1(1-\lambda)]\left(\frac{dw}{d\lambda} + \frac{dr}{d\lambda} + \frac{dm_d}{d\lambda}\delta\alpha m_d^{\alpha-1}m_f^{1-\alpha}\right) - \right.$$

$$\left. t_2\delta\lambda(1-\alpha)\alpha m_d^{\alpha-1}m_f^{-\alpha}\frac{dm_d}{d\lambda} - \left[\frac{dp^*}{d\lambda} + t_1(w+m+r) + t_2\sigma\right]\right\} \div$$

$$\left\{\lambda\sigma - \frac{[1+t_1(1-\lambda)]\delta m_d^{\alpha}(1-\alpha)}{(m_f^*+t_2)^{\alpha}} - \frac{\lambda t_2\delta\alpha 1 - \alpha m_d^{\alpha}}{(m_f^*+t_2)^{\alpha+1}}\right\} \gtreqless 0 \quad (7-17)$$

由式（7-17）可知，当出口退税率调整时，引起工资、利率和中间产品价格的波动，从而冲击关税，但由于各种要素价格波动方向不一致，出口退税率的波动对关税的冲击是不确定的。

从以上的分析可以看出，关税主要影响的是整个经济的宏观基本面，对所有产品不加区分地设置关税壁垒，从总量上影响经济运行。而差异性出口退税率，是对不同出口商品给予不同的出口退税率，从结构上影响宏观经济，促进产业结构优化和升级。

## 四 关税、出口退税与产业结构优化

关税与出口退税除了彼此之间相互影响外，关税还会影响出口退税对出口产品的成本、国际市场售价及其所包含的中间产品价格的作用，间接影响出口退税对产业结构影响渠道，间接影响出口退税的产业结构优化效率。

### （一）中间产品价格

出口退税能够使存在贸易保护国家的出口产业，特别是制造业，以国际市场价格获取进口部件，增强出口产品在国际市场上的竞争力，促进该国出口产业出口和发展。基于第四章第二节第一段的分析，我们进一步分析存在关税和不存在关税条件下，中间产品 $M$ 面对不同的单位生产价格 $m$ 时，出口退税对出口产业的影响如何变动。

对于包含进口中间部件的合成中间品 $M$ 而言，其生产函数如下所示：

$$M = f(M_d, M_f) = M_d^{\alpha} M_f^{1-\alpha} \qquad (7-1)$$

其中，$M_d$ 代表合成生产中间产品 $M$ 所使用的国内中间材料，$M_f$ 为需要使用的国外进口材料，$m_f = m_f^* + t_2$。设 $M$ 的单位生产价格为 $m$，$M_d$ 的单位价格为 $m_d$，$M_f$ 的单位价格为 $m_f$，$m_f = m_f^* + t_2$。设 $m$ 为柯布－道格拉斯的特殊形式，如下所示：

$$m = \delta m_d^{\alpha} m_f^{1-\alpha} \qquad (7-2)$$

再设 $\sigma$ 为生产每一单位中间产品 $M$ 所需进口材料的比例，即：

$$\sigma = \frac{M_f}{M} = \frac{(1-\alpha)\delta m_d^{\alpha} m_f^{1-\alpha}}{m_f} = \delta(1-\alpha)(m_d/m_f)^{\alpha} \qquad (7-8)$$

其中，$\delta = \alpha^{\alpha}(1-\alpha)^{(1-\alpha)}$，因此有 $0 \leqslant \sigma \leqslant 1$。因此，生产每单位 $A$ 所需缴纳的进口关税为 $t_2\sigma = t \times \dfrac{M_f}{Q_A}$，其中 $t_2$ 为进口关税税率。接下来，我们分析存在出口退税和不存在出口退税时的情况。

此时，我们可以分析有关税和无关税条件下，$M$ 的单位生产价格 $m$ 的情况。

**1. 有关税条件下**

商品缴纳生产流通环节的增值税和消费税，总税率为 $t_1$；此外还需缴纳进口中间部件进口时的关税，税率为 $t_2$，此时，出口退税对 $M$ 的单位生产价格 $m$ 的影响如下。

（1）无出口退税时：

$$m_1 = \delta m_d^{\alpha}(m_f^* + t_2)^{1-\alpha} \qquad (7-18)$$

（2）有出口退税时：

$$m_2 = \delta m_d^\alpha \big[ \, (m_f^* + t_2)(1 - \lambda) \, \big]^{1-\alpha} \qquad (7-19)$$

因此，可以得到：

$$m_2 < m_1 \qquad (7-20)$$

**2. 无关税条件下**

商品只缴纳生产流通环节的增值税和消费税，总税率为 $t_1$。进口中间部件进口时没有缴纳进口关税，因此没有对进口中间部件再出口时退税的必要，此时：

$$m_1 = m_2 = \delta m_d^\alpha (m_f^*)^{1-\alpha} \qquad (7-21)$$

此时出口退税政策使出口商品以国际市场价格获取进口部件，增强出口产品在国际市场上的竞争力的作用失效，即出口退税通过进口中间部件价格影响出口产业的影响渠道失效。

因此，关税的取消或降低，会间接削弱出口退税对出口产业的影响力度，从而削弱出口退税政策对产业结构优化升级的调节功能。

**（二）成本**

出口退税有利于降低出口产品的成本，提高行业利润、产量和就业率，增强本国产品的国际竞争力，引起出口产业扩张。基于第四章第二节第二段的分析模型，进一步分析存在关税和不存在关税条件下，出口商品面对的不同的总成本价格 $C_T$ 时，出口退税对出口产业的影响如何变动。

出口商品 $A$ 的国内不含税价格为 $p$，竞争均衡条件下，单位价格＝边际成本，可以得到：

$$p = c = K(w, m, r) = w + m + r \qquad (7-22)$$

其中，$w$ 和 $r$ 是工资和利率，即单位劳动力价格和单位资本价格，$m$ 为生产每单位产品 $A$ 所投入的中间产品 $M$ 的价格。除了产品 $A$ 的生产成本外，产品 $A$ 的总成本中，还需要考虑到税收的因素，即在生产过程中所缴纳的增值税和消费税等。因此，我们可以分析当产品 $A$ 出口外销，且不考虑运输成本时，面临的总成本 $C_T$ 的情况。

### 1. 有关税条件下

商品缴纳生产流通环节的增值税和消费税，总税率为 $t_1$；此外还需缴纳进口中间部件进口时的关税，税率为 $t_2$。此时，产品 $A$ 出口外销的总成本为 $C_T$。

（1）无出口退税时：

$$C_T^1 = p + pt_1 \qquad\qquad (7-23)$$

（2）有出口退税时：

$$C_T^2 = p + pt_1 - pt_1\lambda - \lambda t_2\sigma \qquad\qquad (7-24)$$

### 2. 无关税条件下

商品只缴纳生产流通环节的增值税和消费税，总税率为 $t_1$。进口中间部件进口时没有缴纳进口关税，因此无对中间产品再出口时退税的必要，此时产品 $A$ 出口外销的总成本为 $C_T$。

（1）无出口退税时：

$$C_T^{1'} = p + pt_1 \qquad\qquad (7-25)$$

（2）有出口退税时：

$$C_T^{2'} = p + pt_1 - pt_1\lambda \qquad\qquad (7-26)$$

对比有无关税的情况，我们可以得到：

$$C_T^1 - C_T^2 > C_T^{1'} - C_T^{2'} \qquad (7-27)$$

通过以上对比，可以看到式（7-27）在无关税条件下，出口退税对降低出口产品成本的作用降低，削弱出口退税通过出口成本影响出口企业规模的影响途径。

因此，关税的取消或降低，会间接削弱出口退税通过影响出口商品成本而影响出口产业的力度，相应削弱了出口退税政策对产业结构优化升级的调节功能；反之，关税的存在或增强，会间接增强出口退税通过影响出口商品成本而影响出口产业的力度，相应增强了出口退税政策对产业结构优化升级的调节功能。

### （三）国际市场售价

出口退税能够确保本国出口品以不含税的价格参与国际市场竞争，保证本国厂商公平参与国际竞争，使出口厂商在国际市场的价格竞争中处于更加有利的地位，促进出口行业的发展和扩张。基于第四章第二节第三段的分析，进一步分析存在关税和不存在关税条件下，出口商品在国外销售时，以本币计算的国外有效价格的变动情况。

设出口商品 $A$ 的国内不含税价格为 $p$，国内市场上的实际售价为：

$$p(1 + t_1) = p + pt_1 \qquad (7-28)$$

其中，$t_1$ 是生产产品在各生产环节征收增值税和消费税的总税率，一般情况下 $0 < t_1 < 1$。国外以本币计算的售价为 $p^*$（含税），这里不考虑汇率问题。接下来，我们考虑实际有效价格，即每销售一单位 $A$ 厂商所获得的实际收入。当产品 $A$ 在国内销售时，厂商的实际收入是 $p$。我们进一步分析，存在和不存在关税条件下，出口商品 $A$ 在国外销售时，以本币计算的国外有效价格。

## 1. 有关税条件下

商品缴纳生产流通环节的增值税和消费税，总税率为 $t_1$；此外还需缴纳进口中间部件进口时的关税，税率为 $t_2$，此时，产品 $A$ 以本币计算的国外有效价格为：

（1）无出口退税时：

$$p_1^* - pt_1 \tag{7-29}$$

（2）有出口退税时：

$$p_2^* + \lambda t_2 \sigma - pt_1 + pt_1 \lambda \tag{7-30}$$

竞争性均衡时，必然有生产产品 $A$ 的厂商不论在国内还是国外销售，所获实际收入相同，即：

（1）无出口退税时：

$$p = p_1^* - pt_1 \tag{7-31}$$

（2）有出口退税时：

$$p = p_2^* + \lambda t_2 \sigma - pt_1 + pt_1 \lambda \tag{7-32}$$

因此，可以得到：

（1）无出口退税时：

$$p_1^* = p + pt_1 \tag{7-33}$$

（2）有出口退税时：

$$p_2^* = p + pt_1 - pt_1 \lambda - \lambda t_2 \sigma \tag{7-34}$$

当国内价格 $p$ 不变时，我们可以得到：

$$p_1^* > p_2^* \tag{7-35}$$

即在有关税条件下，出口退税能够使出口商品 $A$ 在国际市场上的售价降低，有利于出口销售。

## 2. 无关税条件下

商品只缴纳生产流通环节的增值税和消费税，总税率为 $t_1$。进口中间部件进口时没有缴纳进口关税，因此，无对进口中间部件再出口时退税的必要，此时，产品 $A$ 以本币计算的国外有效价格如下：

（1）无出口退税时：

$$p_1^{*\prime} - pt_1 \tag{7-36}$$

（2）有出口退税时：

$$p_2^{*\prime} - pt_1 + pt_1\lambda \tag{7-37}$$

竞争性均衡时，必然有生产产品 $A$ 的厂商不论在国内还是国外销售，所获实际收入相同，即：

$$p = p_1^{*\prime} - pt_1 \tag{7-38}$$
$$p = p_2^{*\prime} - pt_1 + pt_1\lambda \tag{7-39}$$

因此，可以得到：

$$p_1^{*\prime} = p + pt_1 \tag{7-40}$$
$$p_2^{*\prime} = p + pt_1 - pt_1\lambda \tag{7-41}$$

当国内价格 $p$ 不变时，我们可以得到：

$$p_1^{*\prime} > p_2^{*\prime} \tag{7-42}$$

对比有关税条件和无关税条件，我们可以得到：

$$p_1^* - p_2^* > p_1^{*\prime} - p_2^{*\prime} \tag{7-43}$$

因此，式（7-43）说明在有关税条件下出口厂商的出口退税获利大于无关税条件下出口厂商的出口退税获利。在无关税条件下，出口退税使出口厂商在国际市场的价格竞争中处于更加有利地位的作用减弱。因此，关税的取消或降低，会间接削弱出口退税通过影响出口商品的国际市场价格而影响出口产业的力度，相应削弱了出口退税政策对产业结构优化升级的调节功能。

总之，关税的存在或增强相应增强了出口退税通过影响中间产品价格、成本和国际市场售价而影响出口产业的力度，间接增强出口退税对出口产业的调节力度。因此，关税的存在提高了差异性出口退税率的产业结构优化效率；反之，则相反。

## 第二节　出口退税与汇率

调节出口的两种重要政策一般包括出口退税政策和汇率政策。优化出口结构的效果，差异性出口退税政策更为显著；调整出口总量的效果，汇率政策更为有效。因此，如果把两项政策联系协调起来使用，则可以在调节出口总量、促进经济发展的同时，调整出口产品结构，优化产业结构，促进产业升级。

此外，出口退税政策能够影响进出口和外汇收支，间接影响汇率波动。当前人民币面对不断升值的压力，其中的一大直接诱因就是我国的贸易顺差多年持续且数额巨大，以及由此引致的多年持续的国际收支顺差。虽然这一问题可以通过降低出口退税率抑制我国贸易出口增长而得到缓解，但并不能从根本上解决人民币所面对的升值压力。汇率问题也通过货币政策传导机制影响我国的整体经济运行。因此，如何更好地把握汇率政策和出口退税政策的关系，如何协调二者从而促进经济发展和优化经济结构，是我们现在面对的问题。

## 一 模型框架

为了进一步分析出口退税和汇率的关系，我们在第四章和第五章出口退税的产业结构优化模型分析框架下，引入汇率因素进行分析。因此，先简单引入模型的基本框架。假设本国生产两种最终产品，可出口品 $A$ 和可进口品 $B$，$A$ 是目前处于成熟期的行业，属于国内支柱产业，且向国外大量出口；$A$ 和 $B$ 的生产过程中，都需要投入一种合成中间品 $M$。为了简要说明问题，假设 $A$ 产品属于本国大量存在的，进口重要器件组装后再出口行业及"两高一资"的出口产品，资本劳动比低于中间产品 $M$；$B$ 产品属于国际高端产品，资本劳动比高于中间产品 $M$，自然也高于 $A$。合成中间品 $M$ 的生产函数如下所示：

$$M = f(M_d, M_f) = M_d^{\alpha} M_f^{1-\alpha} \qquad (7-1)$$

其中，$M_d$ 代表合成生产中间产品 $M$ 所使用的国内中间材料，$M_f$ 为需要使用的国外进口材料，取 $M$ 的单位价格为 $m$，$M_d$ 的单位价格为 $m_d$，$M_f$ 的单位价格为 $m_f$，设 $m$ 为柯布－道格拉斯的特殊形式，即：

$$m = \delta m_d^{\alpha} m_f^{1-\alpha} \qquad (7-2)$$

其中，$\delta = \alpha^{\alpha}(1-\alpha)^{(1-\alpha)}(0 \leqslant \alpha \leqslant 1)$；$m_t = m_t^* + t$，$m_t^*$ 是进口 $M_f$ 的国际价格；$t$ 是进口时所缴的进口关税。为了简单化处理，设 $A$ 产品的生产函数为固定系数函数；$B$ 产品为基准计价单位（numeraire），价格为 1；则产品 $A$、产品 $B$ 及 $M_d$ 的生产函数为：

$$Q_A = Q_A(L_A, M_A, K_A) = \min(L_A, M_A, K_A) \qquad (7-3)$$

$$Q_B = Q_B(L_B, K_B) \qquad (7 - 4)$$

$$M_d = M_d(L_m, K_m) \qquad (7 - 5)$$

其中，$K_A$、$K_B$ 和 $K_m$ 分别为投入生产产品 $A$、产品 $B$ 及 $M_d$ 的资本量，$L_A$、$L_B$ 和 $L_m$ 分别为投入生产产品 $A$、产品 $B$ 及 $M_d$ 的劳动力。假设资本和劳动力要素能够自由流动，在充分就业条件下，有：

$$L_A + L_B + L_m = L \qquad (7 - 6)$$

$$K_A + K_B + K_m = K \qquad (7 - 7)$$

其中，$L$ 和 $K$ 分别为劳动力和资本总量。

## 二　总税率 $t$ 和出口退税率 $\lambda$

假设本国进口关税税率为 $t$，且生产产品在各生产环节征收增值税和消费税的总税率也为 $t$，一般情况下 $0 < t < 1$。因为根据消费地征税原则，设置进口关税的目的是使进口品承担与国内产品相同的税赋负担，因此设置进口关税税率与消费税和增值税税率相同是合理的。设 $\lambda$ 为出口退税率，包括进口中间部件再出口的退税率和出口成品退还的增值税、消费税的税率，$0 \leqslant \lambda \leqslant t + 1$。因为出口退税除退还生产过程所缴纳的增值税和消费税外，还要退还生产过程中使用的进口材料所缴纳的进口关税，因此，需要计算每生产一单位中间产品 $M$，需要投入的进口材料或部件的比例。设 $\sigma$ 为生产每单位 $M$ 所需进口材料的比例，即：

$$\sigma = \frac{M_f}{M} = \frac{\dfrac{[1 - \alpha m \times M]}{m_f}}{M} = \frac{1 - \alpha m}{m_f}$$

$$= \frac{1 - \alpha \delta m_d^{\alpha} m_f^{1-\alpha}}{m_f} = \delta(1 - \alpha)\left(\frac{m_d}{m_f}\right)^{\alpha} \qquad (7 - 8)$$

其中，$\delta = \alpha^{\alpha}(1 - \alpha)^{(1-\alpha)}$，有 $0 \leqslant \sigma \leqslant 1$。因此，生产每单位 $A$ 所需缴纳的进口关税为 $t\sigma = t \times \dfrac{M_f}{Q_A}$，其中 $t$ 为进口关税税率。

## 三　引入本国实际汇率

设本国实际汇率为 $\varepsilon$，其公式如下：

$$\varepsilon = \frac{\bar{p}}{\bar{p}^*} \qquad\qquad (7-44)$$

其中，$\bar{p}$ 为本国物价指数，$\bar{p}^*$ 为国外物价指数。此时，设 $A$ 产品的国内不含税价格为 $p$，则国内市场上的实际售价为 $p(1 + t) = p + pt$，$p^*$ 为 $A$ 产品的国外销售价格，$\varepsilon p^*$ 为 $A$ 产品以本币计算的国外售价（含税）。对于生产产品 $A$ 的厂商而言，国内实际有效价格，即每销售一单位 $A$ 厂商实际收入为 $p$；以本币计算的国外有效价格为 $\varepsilon p^* + \lambda t\sigma - pt + pt\lambda$，其中 $\lambda t\sigma$ 是包含在出口产品中的进口中间部件的出口退税额，$pt$ 是 $A$ 产品在国内生产过程中所上缴的间接税，包括增值税和消费税，$pt\lambda$ 是针对产品 $A$ 的总体出口退税额。

这里，还要假设在大国模型下，出口退税率 $\lambda$ 的变动将影响世界市场价格 $p^*$。在竞争性均衡时，必然有生产产品 $A$ 的厂商不论在国内还是国外销售，所获实际收入相同，即：

$$p = \varepsilon p^* + \lambda t\sigma - pt + pt\lambda = \varepsilon p^* + \lambda t\sigma + pt(\lambda - 1)$$
$$p[1 - t(\lambda - 1)] = \delta p^* + \lambda t\sigma \qquad (7-45)$$

当 $\lambda > t$ 时，出口退税发挥着出口补贴的作用。竞争均衡条件下，单位价格 = 边际成本：

$$p = K(w,m,r) = w + m + r \qquad\qquad (7-11)$$

$$1 = \varphi(w,r) \qquad\qquad (7-12)$$

$$m_d = \chi(w,r) \qquad\qquad (7-13)$$

其中，$w$ 和 $r$ 是工资和利率，即单位劳动力价格和单位资本价格。根据包络定理，$\varphi_w(\cdot)$ 和 $\varphi_r(\cdot)$ 分别是生产一单位 $Q_B$ 所需的劳动投入量和资本投入量；$\chi_w(\cdot)$ 和 $\chi_r(\cdot)$ 是生产一单位 $M_d$ 所需投入的劳动量和资本量。

## 四 模型求解

把式（7-11）代入式（7-45）中，我们可以得到：

$$(w + m + r)[1 - t(\lambda - 1)] = \delta p^* + \lambda t\sigma$$
$$w[1 - t(\lambda - 1)] + m[1 - t(\lambda - 1)] + r[1 - t(\lambda - 1)]$$
$$= \delta p^* + \lambda t\sigma \qquad\qquad (7-46)$$

因为 $\sigma$ 不是常数，不能直接进行微分，同时据（7-8）式 $\sigma = \delta(1-\alpha)(\dfrac{m_d}{m_f})^{\alpha}$，所以有 $\delta = \sigma \times \dfrac{1}{1-\alpha} \times (m_d/m_f)^{-\alpha}$，代换得：

$$w[1 - t(\lambda - 1)] + \delta m_d^{\alpha}(\varepsilon m_f^* + t)^{1-\alpha}[1 - t(\lambda - 1)] + r[1 - t(\lambda - 1)]$$
$$= \varepsilon p^* + \lambda t\delta(1 - \alpha)(m_d/\varepsilon m_f^* + t)^{\alpha} \qquad\qquad (7-47)$$

对（7-47）求对 λ 的全微分，得：

$$\frac{dw}{d\lambda}[1 - t(\lambda - 1)] - tw - tm +$$

$$[1 - t(\lambda - 1)]\delta\alpha m_d^{\alpha-1} m_f^{1-\alpha}\frac{dm_d}{d\lambda} + \frac{dr}{d\lambda}[1 - t(\lambda - 1)] - tr$$

$$= t\sigma + t\delta\lambda(1 - \alpha)\alpha m_d^{\alpha-1} m_f^{-\alpha}\frac{dm_d}{d\lambda} + \varepsilon\frac{dp^*}{d\lambda} + p^*\frac{d\varepsilon}{d\lambda} -$$

$$\alpha\lambda t\delta m_f^*(1 - \alpha)m_d^{\alpha}(\varepsilon m_f^* + t)^{\alpha-1}\frac{d\varepsilon}{d\lambda} \qquad\qquad (7-48)$$

同时，对式（7-12）和式（7-13）分别求全微分，得：

$$dm_d = \chi_w d_w + \chi_r d_r \qquad (7-49)$$

$$0 = \varphi_w d_w + \varphi_r d_r \qquad (7-50)$$

把式（7-49）和式（7-50）代入式（7-48）中，我们得到：

$$\varepsilon \frac{dp^*}{d\lambda} + \left[ p^* - \alpha\lambda t\delta m_f^* (1-\alpha)m_d^\alpha (\varepsilon m_f^* + t)^{\alpha-1} \right] \frac{d\varepsilon}{d\lambda} + t\sigma + w + m + r$$

$$= \left[ 1 - t(\lambda-1) \right]\left[ \frac{dw}{d\lambda} + \frac{dr}{d\lambda} + \frac{dm_d}{d\lambda} \times \frac{\sigma\alpha}{m_d}\left( \frac{m_f}{1-\alpha} - t\lambda \right) \right] \qquad (7-51)$$

化简得：

$$\frac{d\varepsilon}{d\lambda} = \frac{\left[ 1 - t(\lambda-1) \right]\left[ \frac{dw}{d\lambda} + \frac{dr}{d\lambda} + \frac{dm_d}{d\lambda} \times \frac{\sigma\alpha}{m_d}\left( \frac{m_f}{1-\alpha} - t\lambda \right) \right] - t\sigma + w + m + r - \varepsilon\frac{dp^*}{d\lambda}}{p^* - \alpha\lambda t\delta m_f^* (1-\alpha)m_d^\alpha (\varepsilon m_f^* + t)^{\alpha-1}} \lessgtr 0$$

$$(7-52)$$

由式（7-52）可知，汇率的波动不只引起产品价格波动，还会通过价格传导机制影响我国经济的运行，从而引起要素价格，如工资、利率和中间产品价格的波动，但由于各种要素价格波动方向不一致，因此汇率和出口退税率之间的关系是不确定的。

总体而言，在分析出口退税政策和汇率政策时，我们一般认为调整优化出口结构的效果，差异性出口退税政策更为显著；而调整出口总量的效果，则是汇率政策更为有效。因此，如果把两项政策联系协调起来使用，则可以在促进出口总量增长、拉动经济发展的同时，调整出口产品结构，优化产业结构，促进产业升级。

## 五　汇率、出口退税与产业结构优化

汇率与出口退税除了彼此间相互影响外，汇率也会影响出口退税对出口产品的中间产品价格、成本和利润、国际市场售价的作用，间接影响出口退税对产业结构的影响渠道，影响出口退税的产业结构优化效率。

**（一）中间产品价格**

出口退税影响出口产业的渠道之一就是中间产品价格，它通过为存在贸易保护国的出口产业提供世界市场一般价格的进口部件，增强出口产品的国际市场竞争力，促进该国出口产业的发展。基于第四章第二节第一段的分析，我们进一步分析，汇率对出口退税通过中间产品价格促进出口产业发展的影响。

对于包含进口中间部件的合成中间品 $M$ 而言，其生产函数如下所示：

$$M = f(M_d, M_f) = M_d^{\alpha} M_f^{1-\alpha} \qquad (7-1)$$

其中，$M_d$ 代表合成生产中间产品 $M$ 所使用的国内中间材料，$M_f$ 为需要使用的国外进口材料。取 $M$ 的单位价格为 $m$ ，$M_d$ 的单位价格为 $m_d$ ，$M_f$ 的单位价格为 $m_f$ ，设 $m$ 为柯布－道格拉斯的特殊形式：

$$m = \delta m_d^{\alpha} m_f^{1-\alpha} \qquad (7-2)$$

其中，$\delta = \alpha^{\alpha}(1-\alpha)^{(1-\alpha)}(0 \leq \alpha \leq 1)$ ；$m_t = m_t^* + t$ ，$m_t^*$ 是进口 $M_f$ 的国际价格，$t$ 是进口时所缴的进口关税，$\varepsilon$ 为本国实际汇率。此时，我们可以分析汇率变动对出口退税对 $M$ 的单位生产价格 $m$ 的影响情况，假设本国货币升值，实际汇率从 $\varepsilon_1$ 升值到 $\varepsilon_2$ ，$\varepsilon_1 > \varepsilon_2$ ，此时，出口退税对 $M$ 的单位生产价格 $m$ 的影响如下。

**1. 本国实际汇率为 $\varepsilon_1$ 时**

（1）无出口退税时，$M$ 的单位生产价格为：

$$m_0^1 = \delta m_d^\alpha (\varepsilon_1 m_f^* + t)^{1-\alpha} \qquad (7-53)$$

（2）有出口退税时，$M$ 的单位生产价格为：

$$m_1 = \delta m_d^\alpha [(\varepsilon_1 m_f^* + t)(1-\lambda)]^{1-\alpha} \qquad (7-54)$$

2. 本国实际汇率从 $\varepsilon_1$ 升值到 $\varepsilon_2$，且 $\varepsilon_1 > \varepsilon_2$ 时

（1）无出口退税时，$M$ 的单位生产价格为：

$$m_0^2 = \delta m_d^\alpha (\varepsilon_2 m_f^* + t)^{1-\alpha} \qquad (7-55)$$

（2）有出口退税时，$M$ 的单位生产价格为：

$$m_2 = \delta m_d^\alpha [(\varepsilon_2 m_f^* + t)(1-\lambda)]^{1-\alpha} \qquad (7-56)$$

综合以上 4 个式子，我们可以得到：

$$m_2 < m_1 \qquad (7-57)$$

此时，如式（7-57）所示，当本国实际汇率从 $\varepsilon_1$ 升值到 $\varepsilon_2$ 时，出口产品所获得的中间进口部件价格降低，使得本国出口厂商能以更低廉的价格获取国际市场上的进口中间部件。我们进一步分析可以得到：

$$
\begin{aligned}
&(m_0^2 - m_2) - (m_0^1 - m_1) \\
&= \delta m_d^\alpha (\varepsilon_2 m_f^* + t)^{1-\alpha} [1 - (1-\lambda)^{1-\alpha}] - \\
&\quad \delta m_d^\alpha (\varepsilon_1 m_f^* + t)^{1-\alpha} [1 - (1-\lambda)^{1-\alpha}] \\
&= \delta m_d^\alpha [1 - (1-\lambda)^{1-\alpha}] \times [(\varepsilon_2 m_f^* + t)^{1-\alpha} - (\varepsilon_1 m_f^* + t)^{1-\alpha}] \\
&< 0
\end{aligned}
$$

即：

$$m_0^2 - m_2 < m_0^1 - m_1 \qquad (7-58)$$

此外，如式（7-58）所示，与无出口退税相比，本国实际

汇率从 $\varepsilon_1$ 升值到 $\varepsilon_2$ 时，厂商通过出口退税获得的收益降低；反之，则相反。

即本国实际汇率升值时，出口退税通过进口中间部件价格作用于出口产业的作用渠道强度减弱；反之，本国实际汇率贬值时，出口退税通过进口中间部件价格作用于出口产业的作用渠道强度增强。

因此，随着本国实际汇率的升值（或贬值），会间接削弱（或增强）出口退税对出口产业的影响力度，间接抑制（或促进）出口产业的发展，因而间接影响出口退税的产业结构优化升级效应。

### （二）成本

出口退税对出口产业的影响途径，除了进口中间部件的价格外，还有出口产品的成本和利润。因为出口退税能够降低出口产品的成本，提高行业利润、产量和就业率，增强本国产品的国际竞争力，从而引起出口产业扩张。

基于第四章第二节第二段的分析，我们进一步分析，汇率波动前后，出口商品面对的不同的总成本价格 $C_T$ 时，出口退税对出口产业影响力度的变动情况。出口商品 $A$ 的国内不含税价格为 $p$，竞争均衡条件下，单位价格 = 边际成本，可以得到：

$$
\begin{aligned}
p &= c \\
&= K(w, m, r) = w + m + r \\
&= w + \delta m_d^\alpha m_f^{1-\alpha} + r \\
&= w + \delta m_d^\alpha (\varepsilon m_f^* + t)^{1-\alpha} + r
\end{aligned}
\tag{7-22}
$$

其中，$w$ 和 $r$ 是工资和利率，即单位劳动力价格和单位资本价格，$m$ 为生产每单位产品 $A$ 所投入的中间产品 $M$ 的价格。设 $M$ 的单位生产价格为 $m$，$M_d$ 的单位价格为 $m_d$，$M_f$ 的单位价格为

$m_f$，且有 $m = \delta m_d^{\alpha} m_f^{1-\alpha}$ 和 $m_f = \varepsilon m_f^* + t$，$m_f^*$ 是进口 $M_f$ 的国际价格，$t$ 是进口时所缴的进口关税，也是生产产品在各生产环节征收的增值税和消费税的总税率，$\varepsilon$ 为本国实际汇率。此时，假设本国货币升值，实际汇率从 $\varepsilon_1$ 升值到 $\varepsilon_2$，$\varepsilon_1 > \varepsilon_2$，我们分析当产品 $A$ 出口外销，且不考虑运输成本时，面临的总成本 $C_T$ 的情况。

**1. 本国实际汇率为 $\varepsilon_1$ 时**

（1）无出口退税时，产品 $A$ 出口外销的总成本 $C_T$ 为：

$$C_0^1 = [w + \delta m_d^{\alpha}(\varepsilon_1 m_f^* + t)^{1-\alpha} + r](1 + t) \qquad (7-59)$$

（2）有出口退税时，产品 $A$ 出口外销的总成本 $C_T$ 为：

$$C_1 = [w + \delta m_d^{\alpha}(\varepsilon_1 m_f^* + t)^{1-\alpha} + r](1 + t - \lambda) - \\ \lambda t \delta(1 - \alpha)(m_d / \varepsilon_1 m_f^* + t)^{\alpha} \qquad (7-60)$$

**2. 本国实际汇率从 $\varepsilon_1$ 升值到 $\varepsilon_2$，$\varepsilon_1 > \varepsilon_2$ 时**

（1）无出口退税时，产品 $A$ 出口外销的总成本 $C_T$ 为：

$$C_0^2 = [w + \delta m_d^{\alpha}(\varepsilon_2 m_f^* + t)^{1-\alpha} + r](1 + t) \qquad (7-61)$$

（2）有出口退税时，产品 $A$ 出口外销的总成本 $C_T$ 为：

$$C_2 = [w + \delta m_d^{\alpha}(\varepsilon_2 m_f^* + t)^{1-\alpha} + r](1 + t - \lambda) - \\ \lambda t \delta(1 - \alpha)(m_d / \varepsilon_2 m_f^* + t)^{\alpha} \qquad (7-62)$$

综合以上 4 个式子，我们可以得到：

$$C_2 - C_1$$
$$= (1 + t - \lambda)\delta m_d^{\alpha}[(\varepsilon_2 m_f^* + t)^{1-\alpha} - (\varepsilon_1 m_f^* + t)^{1-\alpha}] - \\ \lambda t \delta(1 - \alpha) m_d^{\alpha}\left[\frac{1}{(\varepsilon_2 m_f^* + t)^{\alpha}} - \frac{1}{(\varepsilon_1 m_f^* + t)^{\alpha}}\right]$$
$$= (1 + t - \lambda)\delta m_d^{\alpha}[(\varepsilon_2 m_f^* + t)^{1-\alpha} - (\varepsilon_1 m_f^* + t)^{1-\alpha}] - \\ \lambda t \delta(1 - \alpha) m_d^{\alpha}\left[\frac{(\varepsilon_2 m_f^* + t)^{\alpha} - (\varepsilon_1 m_f^* + t)^{\alpha}}{(\varepsilon_2 m_f^* + t)^{\alpha}(\varepsilon_1 m_f^* + t)^{\alpha}}\right]$$
$$< 0$$

即：

$$C_2 < C_1 \qquad\qquad (7-63)$$

此时，如式（7-63）所示，当本国实际汇率从 $\varepsilon_1$ 升值到 $\varepsilon_2$ 时，出口产品的总成本从 $C_1$ 降低至 $C_2$ ，在国外市场销售价格 $p^*$ 不变时，本国出口商品的利润增加，出口产业扩张，进一步分析可以得到：

$$
\begin{aligned}
&(C_2 - C_0^2) - (C_1 - C_0^1)\\
&= (1+t-\lambda)\delta m_d^\alpha \big[ (\varepsilon_2 m_f^* + t)^{1-\alpha} - (\varepsilon_1 m_f^* + t)^{1-\alpha} \big] +\\
&\quad \lambda t\delta(1-\alpha) m_d^\alpha \Big[ \frac{(\varepsilon_2 m_f^* + t)^\alpha - (\varepsilon_1 m_f^* + t)^\alpha}{(\varepsilon_2 m_f^* + t)^\alpha (\varepsilon_1 m_f^* + t)^\alpha} \Big] -\\
&\quad \Big\{ \big[ w + \delta m_d^\alpha (\varepsilon_2 m_f^* + t)^{1-\alpha} + r \big](1+t) -\\
&\quad \big[ w + \delta m_d^\alpha (\varepsilon_1 m_f^* + t)^{1-\alpha} + r \big](1+t) \Big\}\\
&= -\lambda\delta m_d^\alpha \big[ (\varepsilon_2 m_f^* + t)^{1-\alpha} - (\varepsilon_1 m_f^* + t)^{1-\alpha} \big] +\\
&\quad \lambda t\delta(1-\alpha) m_d^\alpha \Big[ \frac{(\varepsilon_2 m_f^* + t)^\alpha - (\varepsilon_1 m_f^* + t)^\alpha}{(\varepsilon_2 m_f^* + t)^\alpha (\varepsilon_1 m_f^* + t)^\alpha} \Big]\\
&= \lambda\delta m_d^\alpha \times \big[ -(\varepsilon_2 m_f^* + t)^\alpha (t\alpha + \varepsilon_2 m_f^*) +\\
&\quad (\varepsilon_1 m_f^* + t)^\alpha (\varepsilon_1 m_f^* + t\alpha) \big] \div\\
&\quad \big[ (\varepsilon_2 m_f^* + t)^\alpha (\varepsilon_1 m_f^* + t)^\alpha \big]
\end{aligned}
$$

由于 $\varepsilon_1 > \varepsilon_2$ ，有：

$$
\left( \frac{\varepsilon_2 + \dfrac{t}{m_f^*}}{\varepsilon_1 + \dfrac{t}{m_f^*}} \right)^\alpha < \frac{\varepsilon_1 + \dfrac{t\alpha}{m_f^*}}{\varepsilon_2 + \dfrac{t\alpha}{m_f^*}}
$$

$$\Rightarrow (\varepsilon_2 m_f^* + t)^\alpha (t\alpha + \varepsilon_2 m_f^*) < (\varepsilon_1 m_f^* + t)^\alpha (\varepsilon_1 m_f^* + t\alpha)$$

$$\Rightarrow (C_2 - C_0^2) - (C_1 - C_0^1) = \lambda\delta m_d^\alpha \times$$

$$\frac{-(\varepsilon_2 m_f^* + t)^\alpha (t\alpha + \varepsilon_2 m_f^*) + (\varepsilon_1 m_f^* + t)^\alpha (\varepsilon_1 m_f^* + t\alpha)}{(\varepsilon_2 m_f^* + t)^\alpha (\varepsilon_1 m_f^* + t)^\alpha} > 0$$

即：

$$C_2 - C_0^2 > C_1 - C_0^1 \qquad (7-64)$$

如式（7-64）所示，与无出口退税时相比，本国实际汇率从 $\varepsilon_1$ 升值到 $\varepsilon_2$ 时，厂商通过出口退税获得的收益增加，即本国实际汇率升值时，出口退税通过成本作用于出口产业的影响力度增强；反之，本国实际汇率贬值时，出口退税通过成本作用于出口产业的影响力度减弱。

因此，随着本国实际汇率的升值（或贬值），会间接增强（或削弱）出口退税对出口产业的影响力度，间接促进（或抑制）出口产业的发展，因而间接影响出口退税的产业结构优化升级效应。

### （三）国际市场售价

汇率还能通过影响出口商品的国际市场售价影响出口退税的产业结构优化效应。因为出口退税使本国出口品以不含税的价格参与国际市场竞争，汇率变动时，出口退税还能通过出口商品的国际市场售价影响出口产业，因为出口退税能够确保本国出口品以不含税的价格参与国际市场竞争，保证本国厂商公平参与国际竞争，使出口厂商在国际市场的价格竞争中处于更加有利的地位，促进出口行业的发展和扩张。

基于第四章第二节第三段的分析，进一步分析出口退税的国际市场售价。出口商品 $A$ 的国内不含税价格为 $p$，国内市场上的实际售价为：

$$p(1+t) = p + pt \qquad (7-28)$$

其中，$t$ 是生产产品在各生产环节征收的增值税和消费税的总税率，一般情况下 $0 < t < 1$。同时，引入本国实际汇率 $\varepsilon$，$p^*$

为 A 产品的国外销售价格，$\varepsilon p^*$ 为 A 产品以本币计算的国外售价（含税）。对于生产产品 A 的厂商而言，国内实际有效价格，即每销售一单位 A 厂商实际收入为 $p$；以本币计算的国外有效价格为 $\varepsilon p^* + \lambda t\sigma - pt + pt\lambda$，其中 $\lambda t\sigma$ 是包含在出口产品中的进口中间部件的出口退税额，$pt$ 是产品在国内生产过程中所上缴的间接税，包括增值税和消费税，$pt\lambda$ 是针对产品 A 的总体出口退税额。这里，假设本国货币升值，实际汇率从 $\varepsilon_1$ 升值到 $\varepsilon_2$，$\varepsilon_1 > \varepsilon_2$，我们可以分析汇率波动对以本币计算的国外市场价格的影响。

1. 本国实际汇率为 $\varepsilon_1$ 时

产品 A 以本币计算的国外市场价格为：

（1）无出口退税时：

$$\varepsilon_1 p_1^{*'} - pt \qquad\qquad (7-65)$$

（2）有出口退税时：

$$\varepsilon_1 p_1^{*''} + \lambda t\sigma + pt(\lambda - 1) \qquad\qquad (7-66)$$

竞争性均衡时，必然有生产产品 A 的厂商不论在国内还是国外销售，所获实际收入相同，即：

（1）无出口退税时：

$$p = \varepsilon_1 p_1^{*'} - pt$$

（2）有出口退税时：

$$p = \varepsilon_1 p_1^{*''} + \lambda t\sigma + pt(\lambda - 1)$$

因此，有：

（1）无出口退税时：

$$p_1^{*'} = \frac{1}{\varepsilon_1} p(1 + t) \qquad\qquad (7-67)$$

（2）有出口退税时：

$$p_1^{*''} = \frac{1}{\varepsilon_1}[p + pt - pt\lambda - \lambda t\sigma] \qquad (7-68)$$

因此，容易得到：

$$p_1^{*'} > p_1^{*''} \qquad (7-69)$$

即此时出口退税能够使出口商品 A 在国际市场上的售价降低，有利于出口销售。

**2. 本国实际汇率从 $\varepsilon_1$ 升值到 $\varepsilon_2$，$\varepsilon_1 > \varepsilon_2$ 时**

产品 A 以本币计算的国外市场价格如下：

（1）无出口退税时：

$$\varepsilon_2 p_2^{*'} - pt \qquad (7-70)$$

（2）有出口退税时：

$$\varepsilon_2 p_2^{*''} + \lambda t\sigma + pt(\lambda - 1) \qquad (7-71)$$

竞争性均衡时，必然有生产产品 A 的厂商不论在国内还是国外销售，所获实际收入相同，即：

（1）无出口退税时：

$$p = \varepsilon_2(p_2^{*'} - pt)$$

（2）有出口退税时：

$$p = \varepsilon_2 p_2^{*''} + \lambda t\sigma + pt(\lambda - 1)$$

因此，有：

（1）无出口退税时：

$$p_2^{*'} = \frac{1}{\varepsilon_2}p(1 + t) \qquad (7-72)$$

（2）有出口退税时：

$$p_2^{*''} = \frac{1}{\varepsilon_2}[p + pt - pt\lambda - \lambda t\sigma] \qquad (7-73)$$

因此，容易得到：

$$p_2^{*'} > p_2^{*''} \qquad (7-74)$$

即当本国实际汇率从 $\varepsilon_1$ 升值到 $\varepsilon_2$，$\varepsilon_1 > \varepsilon_2$ 时，出口退税有利于出口商品 A 降低国际市场售价的作用依然存在。接下来，我们进一步分析，汇率波动对出口退税通过国际市场售价影响出口产业渠道的效应。

假设汇率变动影响了出口产品 A 的国内价格，即从 $p_1$ 变到 $p_2$ 时，可以得到：

$$(p_1^{*'} - p_1^{*''}) - (p_2^{*'} - p_2^{*''})$$
$$= \frac{1}{\varepsilon_1}(p_1 t\lambda + \lambda t\sigma) - \frac{1}{\varepsilon_2}(p_2 t\lambda + \lambda t\sigma)$$
$$= \lambda t\sigma\left(\frac{1}{\varepsilon_1} - \frac{1}{\varepsilon_2}\right) + \left(\frac{1}{\varepsilon_1} - \frac{1}{\varepsilon_2}\right)\lambda\delta m_d^\alpha[(\varepsilon_1 m_f^* + t)^{1-\alpha} - (\varepsilon_2 m_f^* + t)^{1-\alpha}]$$
$$= \lambda\delta m_d^\alpha \times \frac{\varepsilon_2 - \varepsilon_1}{\varepsilon_1\varepsilon_2} \times [t(1-\alpha)(\varepsilon_2 m_f^* + t)^\alpha +$$
$$(\varepsilon_1 m_f^* + t)^{1-\alpha} - (\varepsilon_2 m_f^* + t)^{1-\alpha}] < 0$$

即：

$$p_1^{*'} - p_1^{*''} < p_2^{*'} - p_2^{*''} \qquad (7-75)$$

如式（7-75）所示，当本国实际汇率从 $\varepsilon_1$ 升值到 $\varepsilon_2$ 时，汇率变动影响到出口产品的国内价格，即从 $p_1$ 变到 $p_2$ 时，出口退税通过降低出口商品的国际市场售价，调节出口产业的作用增强；反之，亦然。

当本国实际汇率从 $\varepsilon_1$ 升值到 $\varepsilon_2$，出口商品 A 的国内售价也相应调整时，汇率波动仍然能够间接增强出口退税对出口产业的调节作用，间接增强出口退税的产业结构优化效应。

因此，出口商品的国外价格也受到汇率波动的影响时，汇率升值（或贬值）将会增强（或减弱）出口退税通过降低出口商品的国际市场售价，调节出口产业的作用，间接影响出口退税的产业结构优化升级效应的调节功能。

# 第三节　小结

在本章中进一步综合分析出口退税、关税和汇率的关系，以及关税和汇率如何影响出口退税的产业结构优化效应的问题。

研究发现，关税的存在增强了出口退税通过中间产品价格、成本和实际获利而影响出口产业的三个影响途径，间接地增强出口退税对出口产业的影响力度，相应增强了出口退税政策对产业结构优化升级的调节功能。因此，关税的存在提高了差异性出口退税率的产业结构优化效率。

在汇率方面，当本国实际汇率升值时，出口退税通过进口中间部件价格作用于出口产业的影响强度减弱；但出口退税通过成本、国际市场售价作用于出口产业的影响强度增强。反之，本国实际汇率贬值时，出口退税通过进口中间部件价格作用于出口产业的影响强度增强；但出口退税通过成本、国际市场售价作用于出口产业的影响强度减弱。总体而言，汇率升值将增强出口退税政策对产业结构优化升级的调节功能，提高差异性出口退税率的产业结构优化效率；反之，汇率贬值将增强出口退税政策对产业结构优化升级的调节功能，削弱差异性出口退税率的产业结构优化效率。

# 第八章　全球经济"再平衡"背景下的
出口退税政策选择

全球经济在经历了 2008 年金融危机的冲击后，面临着在"不平衡"中寻找"再平衡"的挑战，贸易保护主义随之复苏。各国出口补贴的覆盖范围不断扩大，力度不断加大，各种贸易保护措施增强，使反倾销调查的要求剧增。这恶化了我国的贸易环境，使得我国的出口商品结构乃至整体产业结构调整的压力增大，给我国宏观经济的稳定带来了负面影响。

在此背景下，出口退税作为优化产业结构工具的优良特性凸显。出口退税政策是被 WTO 认可的一项措施，可以在不引起反倾销诉讼的同时，减轻出口商品出口到国外市场时面临的贸易保护程度；在调节整体出口贸易的同时，有差别地调节不同产业的发展；在总体减缓国家对出口扩张的鼓励，抑制"高污染、高能耗、低附加值"产业的发展和出口的同时，鼓励、促进高新产业和新能源、新技术产业的发展和出口；调节我国产业结构和平衡内需和外需之间的差距，促进我国总体产业结构和工业内产业结构的优化升级。因此，出口退税政策在全球经济"再平衡"中发挥着重要的作用。

本章将探讨在现今全球经济"再平衡"背景下，出口退税机制的完善和政策选择。第一节分析了全球经济"再平衡"的背景下，发达经济体和新兴经济体的产业结构调整，以及"再平衡"对我国产业结构调整的影响；第二节探讨了全球经济"再平衡"背景下，出口退税机制的完善和政策选择；第三节总结了本章的主要内容。

## 第一节　全球经济"再平衡"与产业结构调整

### 一　全球经济失衡及"再平衡"

"全球经济失衡和再平衡"这一概念是 2005 年由国际货币基金组织（IMF）总裁在其演讲《纠正全球经济失衡——避免相互指责》中正式提出的[①]，主要指国家间净逆差或净顺差大量存在于国际贸易和国际投资中，发达经济体与新兴市场经济体的国际收支经常项目的不平衡，即全球经常性账户的持续性缺乏支撑，表现出失衡的征兆。因此，全球经济的"再平衡"就是要逐渐缓解发达经济体的巨额贸易逆差，平衡新兴市场经济体的巨额贸易顺差。

图 8-1 为美国、中国、日本、韩国、新加坡经常性账户变动情况。如图 8-1 所示，全球经济失衡主要体现在两个方面：美国贸易赤字和财政赤字显著；亚洲新兴经济体及中东石油输出国的贸易顺差和外汇储备剧增。

---

① 马先仙、姜凌：《全球经济失衡的原因、可持续性与解决途径——基于国际储备供求关系视角的研究》，《新金融》2006 年第 8 期，第 21~23 页。

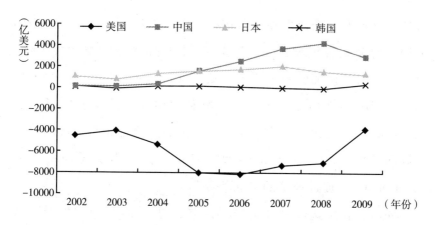

**图 8 - 1　美国、中国、日本、韩国经常性账户变动**

资料来源：国际货币基金组织 IFS 数据库。

目前，美国的巨额经常性账户逆差和对外净负债仍较为显著，如图 8 - 1 所示，虽然美国的经常性账户赤字自 2006 年开始下降，但目前赤字额度仍然显著。亚洲新兴经济体及中东石油输出国的贸易顺差（主要为对美贸易顺差）和外汇储备剧增。其中，以中国为代表的东亚地区与美国之间的经济不平衡是全球经济失衡的核心部分。因此，"全球经济再平衡"的主要内容为以美国为主的发达国家降低经常性账户逆差和对外净负债，亚洲新兴经济体及中东石油输出国降低贸易顺差和抑制外汇储备过快增长。

## 二　全球经济"再平衡"背景下的产业结构调整

### （一）全球经济"再平衡"背景下发达经济体的产业结构调整

在全球经济"再平衡"背景下，以美国为主的发达经济体最重要的"再平衡"举措就是进行产业结构的调整，改变以高科技、高端产品的研发和制造构建的消费型经济，以及在此基础上构建的金融虚拟型经济。2009 年美国白宫经济委员会主任、奥巴马首席经济顾问劳伦斯·萨默斯（Lawrence Henry Summers）提到美国将会更加注重出口、环境和实体经济的发展。[①] 因此，以美国为主的发达经济体将会由消费型和金融虚拟型经济向以出口导向型为主的实体经济转型，依靠工程技术实现经济体的"再工业化"，促进经济的"再平衡"。

同时，在发达经济体的贸易结构"再平衡"中，为了降低经常性账户逆差和对外净负债，促进经济向出口导向型经济转型，必然出现贸易主义的复苏，恶化世界市场的贸易环境，具体表现为：①出口补贴的覆盖范围扩大、力度加大，频繁使用出口补贴，支持鼓励本国出口；②各种贸易保护措施加强，包括提高关税显性保护措施以及对进口产品给予非自动许可证、限定入关口岸、提高进口商品标准等隐性贸易壁垒，限制他国出口商品进入本国；③反倾销调查的要求剧增，包括申请反倾销调查、使用反倾销条款限制他国厂商出口到本国并对最终判定为倾销的商品施以惩罚性的高额关税。

**（二）全球经济"再平衡"背景下新兴经济体的产业结构调整**

新兴经济体将受到以美国为主的发达经济体的经济政策和产业结构转型的影响，但不同类型的经济体受到的冲击不同。对于资源国而言，如巴西、俄罗斯、沙特等，由美国宽松的货币政策导致的美元的中长期贬值将带来资源品价格上涨；对于生产国而

---

① 《奥巴马经济顾问称美国经济已从深渊走出》，http://news.xinhuanet.com/world/2009 - 07/18/content_ 11726774.htm，2009 - 07 - 18。

言，如中国、印度、韩国、越南等，由于发达经济体开始更多关注实体经济和出口贸易，对本国市场施以各种保护措施，新兴经济体将面对世界市场的贸易环境恶化，出口疲软，经济结构调整压力增大。

因此，全球经济"再平衡"背景下，新兴经济体同样面临增长模式和产业结构的调整。资源国需要把因资源品价格上涨带来的额外收益转化为科研投入，发展新兴产业，减少经济对资源出口的依赖；生产国需要大力转变经济增长方式，减少经济对出口的依赖，扩大内需，降低储蓄率，缩减低附加值的行业规模，加大科研投入，改造和提升制造业，增强竞争力，发展绿色和新兴产业。

## 三　全球经济"再平衡"对中国产业结构调整的影响

贸易保护主义复苏，我国将面对世界市场不断恶化的贸易环境，外贸和出口压力增大，出口部门面临严重挑战，出口产业发展前途堪忧。外贸环境的恶化，也使得我国的出口商品结构乃至整体产业结构调整的压力增大："两高一资"（高污染、高能耗、资源性）的出口商品亟须降低产量，缩减生产规模；劳动密集型产品也面对需要缩减生产规模的压力，这些都给我国宏观经济的稳定带来了负面影响。

因此，全球经济"再平衡"背景下，我国依靠投资拉动和出口导向型的外向型经济增长模式一样需要转型：抑制"两高一资"产业的发展，缩减其生产规模，建立资源节约型社会；逐渐降低经济发展对出口的依赖，探寻扩大内需、优化产业结构的科学发展道路。

# 第二节　全球经济"再平衡"下的
## 出口退税政策选择

全球经济"再平衡"背景下，我国的出口退税政策必定面临由关注贸易顺差向关注贸易平衡、由关注贸易额向关注生产率提高转变；由传统的以低价取胜的战略向提高国际竞争力的战略转变。因此，要不断推进出口退税机制的完善，在减轻世界市场的贸易保护程度、平衡贸易发展的同时，优化出口结构，转变经济增长方式，引导科技创新，减少出口依赖，依据出口退税政策目标以及我国"十二五"规划中的产业发展战略，有选择、有差别地调节不同产业的发展，促进产业结构的优化和升级。

## 一　出口退税机制的完善

出口退税机制是一个动态的概念，随着我国经济状况和世界经济状况的变动而不断完善。目前，完善出口退税机制，应考虑优化出口商品结构、鼓励科技创新和减少出口依赖，引导我国产业结构的优化和经济增长方式的转型。

### （一）完善出口退税机制，优化出口商品结构

为最大化国家福利，完善出口退税机制，在设置有差别的、分层次的出口退税率体系时，应考虑出口商品结构的优化问题，促进外贸发展方式从规模扩张向质量效益提高转变、从成本优势向综合竞争优势转变。严格控制"两高一低"产品出口，适当抑制低加工、低附加值、低技术产品出口，积极鼓励较高加工、较高附加值、较高技术产品出口，同时优化加工贸易的产品结构，加大对传统产业的技术改造和产业升级的支持力度，特别突

出对高新技术产业的加工贸易鼓励。

对劳动密集型出口产品也不能一视同仁地给予相同的出口退税率，应该根据出口产品的质量和档次划分不同的出口退税待遇级别，特别给予机电产品和高新技术产品较为优惠的出口退税率待遇，促进劳动密集型产品质量和档次的提升，扩大机电产品和高新技术产品出口。

此外，对于一般的工业制成品，需要引导其通过深加工和精加工，增加其出口附加值。因此，出口退税可以在区分出口商品类别的同时，设立技术标准、安全标准、卫生标准和环保标准，并给予达标企业更高的出口退税率，引导企业走向，优化出口结构。

**（二）完善出口退税机制，鼓励加工贸易国产化**

为完善出口退税机制，在设置差异性出口退税率时，也要考虑加工贸易国产化的问题。设置有差别的、分层次的出口退税率体系，在调整加工贸易的产业和产品结构、加大对传统产业的技术改造和产业升级的支持力度、突出对高新技术产业加工贸易鼓励的同时，对采用国产化材料和原件的加工贸易出口品适当给予出口退税优惠，以提高加工贸易企业的国内采购积极性，鼓励加工贸易国产化发展，适当减少我国经济的出口依赖程度，促进我国经济的"再平衡"。

**（三）完善出口退税机制，引导科技创新**

第六章的实证结果显示，差异性出口退税政策能够优化整体产业结构和工业产业内部结构，能够有效收缩资源型、低加工、低技术投入、低附加值的行业规模，但是对较高加工程度、较高技术投入和较高附加值产业的规模扩张效应不显著。造成这个结果的三个可能的原因中，有两个与科技相关。

其一，高新技术行业的发展较大程度上依赖研发、技术和人力资本投资，而不是继续依靠降低成本获得价格竞争优势来拓展产业发展空间。因此，我国通过差异性出口退税政策来促进产业结构调整和优化的效果是显著的，但对于中级、高级技术行业的发展，应更多地依靠技术创新和人力资本投资，出口退税政策只是一种辅助政策，虽然有效，但效果不显著。

其二，企业通过出口退税优惠获得的收益可能未转化成研发投入，出口退税反而培养了出口企业的依赖性和研发的懒惰性，即便给予出口企业高于平均水平的出口退税率也只是让企业继续原有的生产方式，因此，出口退税的引导效应不显著。

因此，我们一方面应大力加强研发、技术和人力资本的投资，更多依靠技术创新和人力资本增长来推动中高级技术产业的发展；另一方面，鉴于部分企业不会积极主动地参与科研技术开发，只是坐享出口退税的优惠，以数量和低价取胜，使国家的出口退税优惠鼓励措施并未能有效地鼓励科研投入，我们建议实施科研型出口退税，设置研发和科技投入指标，对于投入研发和技术开发达标的企业，给予更高的出口退税优惠，使国家的出口退税政策能够鼓励出口企业的科技创新和加大企业技术转化为生产力的力度。

研发和科技投入指标应涉及以下方面：①企业应用新技术、新材料、新工艺、新装备改造提升传统产业，提高市场竞争的能力；②企业提高装备水平，优化生产流程，加快淘汰落后工艺技术和设备，提高能源资源综合利用的水平；③企业增强新产品开发能力，提高产品技术含量和附加值，加快产品升级换代的力度；④企业研发设计、生产流通、企业管理等环节信息化改造升级，推行先进质量管理，促进企业管理创新的水平。

科研型出口退税可以使企业从出口退税中获得的优惠转化为科技创新投入,增加出口企业的科研投入力度;促进加工贸易从组装加工向研发、设计、核心元器件制造等环节拓展,延长国内增值链条,扩张新兴产业部门,促进高加工度、高附加值产业和高新技术产业的国际竞争力的不断提高,使产业规模不断扩张,优化我国产业结构。

## 二 出口退税的政策选择

在全球经济"再平衡"背景下,我国出口退税的政策目标是:平衡对外贸易,促进出口产业发展,引导贸易结构和产业结构优化,促进经济增长方式转变。在维持我国贸易平衡和出口产业稳定持续发展的同时,促进出口商品由低附加值、低加工制成品向高附加值、高加工制成品转变,产业结构由劳动密集型占优向资本密集型、技术密集型占优转变,经济增长方式由粗放型向集约型转变,使我国成为一个真正意义上的经济强国。

此外,出口退税政策的目标应与我国的产业战略相适应。《中华人民共和国国民经济和社会发展第十二个五年规划纲要》(以下简称"十二五"规划)第三篇中谈到我国目前的产业战略是"转型升级提高产业核心竞争力",坚持走中国特色新型工业化道路,适应市场需求变化,根据科技进步新趋势,发挥我国产业在全球经济中的比较优势,发展结构优化、技术先进、清洁安全、附加值高、吸纳就业能力强的现代产业体系。[①] 因此,在探讨目前我国出口退税政策的相关建议时,必须与我国"十二五"

---

① 《国民经济和社会发展第十二个五年规划纲要》, http://www.gov.cn/2011lh/content_1825838.htm, 2011 - 03 - 06。

规划的产业发展战略相联系，建立适时、合理、有效的差异性出口退税率体系，推动我国的产业结构优化和升级。

因此，根据本书第六章表 6 - 4 行业技术分类体系中我国工业行业分类的方法，结合"十二五"规划中产业发展战略，探讨如何对各类不同技术水平、不同性质的商品，给予有差别的、有层次的梯形出口退税待遇，引导产业结构的调整和优化。

## （一）资源型产业

资源型产业（Resource Based）的产品大多属于简单劳动产品和劳动密集型产品，生产过程中使用少许资本、规模或技术密集型的部件。针对资源型产业，应根据不同类型和不同性质的产业，给予如下不同的出口退税待遇。

### 1. 稀缺性的天然资源或具有战略性意义的资源型产业

如针对生产麝香、天然牛黄、铜及合金、煤炭、石油和天然气的产业，应取消出口退税或者给予低于平均水平的出口退税率，抑制这类产业的出口流通。

### 2. "高污染、高能耗、低附加值" 的产业

如生产部分低技术的钢材、有色金属加工材料，以及生产酒精、玉米淀粉、农药等的产业。这类产业具有显著的负外部性，因此，应该给予低出口退税率甚至零退税，大力抑制这类产业的出口和发展。

### 3. "十二五" 规划中重点改造和提升的制造业中的资源型行业

主要包括冶金和建材行业、石油化工业、建筑业。这些产业的发展策略是控制总量扩张，加大淘汰落后产能力度，压缩和疏导过剩产能，同时重点发展高端产品，优化品种结构，推动质量升级。因此，对于这类产业，应该在给予普遍抑制性或低于平均

水平的出口退税率的同时，给予其中某些技术投入较高、附加值较高的产品较高的出口退税率，在压缩、淘汰落后过剩产业的同时，促进品种结构优化和质量升级。

### （二）低技术制成品业

低技术制成品业（Low Technology）具有稳定、已广泛使用的技术支撑，这些技术较为初级，多使用在生产设备中，生产过程的终端对技术的要求较为简单。低技术制成品业的商品大多为无差别产品，依靠价格竞争，产品中劳动力成本占优，在国际贸易中较容易引起贸易摩擦。对于低技术产业，应根据不同类型和不同性质的产业，给予如下不同的出口退税待遇。

**1. 易引起贸易摩擦的行业**

如轻纺行业、包装行业、塑料制品业等包含较多低加工度、低附加值、较容易引起贸易摩擦的出口商品，如纺织品、服装、普通日用消费品、玩具等。对这类产业应给予较低的出口退税率，减小出口鼓励力度，促进产业自身工艺和装备水平的提升。

**2. 具有负外部性的产业**

如医药产业、化工产业、橡胶制品业、塑料制品业等。根据次优出口退税理论，对于具有负外部性的这类行业的出口商品，如化工产品、塑料及其制品、橡胶及其制品、玻璃及其制品等，应该给予低于平均水平的出口退税率，甚至零退税率，抑制这些产业的发展。

**3. 我国"十二五"规划中重点改造和提升的制造业中的低技术行业**

主要涉及轻纺行业、包装行业。"十二五"规划指出，轻纺行业要强化环保和质量安全，加强企业品牌建设，提升工艺技术装备水平；包装行业要加快发展先进包装装备、包装新材料和高端包装制品。因此，轻纺行业和包装行业的出口退税政策，除了给予较低的出口退税率、减小出口鼓励力度外，还需要对引进新工艺、新技术、新材料的行业产品，以及企业品牌建设较好的行业产品给予一定的出口退税优惠，引导企业加强自身品牌建设，引进新工艺、新技术、新材料，降低产业耗能，促进产业绿色化发展和产业自身水平的提升。

### （三）中技术制成品业

中技术制成品业（Medium Technology）是成熟经济体的核心部分，产品多包含大量的复杂技术和中等程度的研发投入（Research & Development，R&D）。我国"十二五"规划中，中技术行业主要涉及装备制造业、船舶行业和汽车行业。这些产业的发展策略是提高基础工艺、材料和元器件的研发水平，强化整体研发能力，发展高技术高附加值的产品和设备，推动产品智能化水平，提高节能、环保和安全技术水平。

因此，对这类产业，应给予较一般出口退税水平稍高的出口退税率，促进这类产业的发展；对研发含量、技术含量和附加值高于一般同类产品的出口产品，应给予更高的优惠出口退税率，引导产业的研发投入和技术提升；对同类产品中，单位耗能较低或使用了环保绿色材料的出口产品，应给予特别的绿色优惠出口退税率，促进产业低碳化发展。

### （四）高技术制成品业

高技术制成品业（High Technology）产品具有先进、日新月异的技术和较高的研发投入（R&D）。产品设计是重中之重，需要复杂的技术基础、高水准的专业技能以及公司与大学或科研机构的紧密合作的支撑。对高技术产业，应根据不同类型和不同性质的产业,给予如下不同的出口退税待遇。

1. 高加工度、高附加值产业中的出口产品

如对高精机械、电子、医药行业产品,以及航空惯性导航仪、陀螺仪、离子射线检测仪、核反应堆、工业机器人等产品,应给予较高的出口退税率,提高此类产品的国际竞争力。

2. 我国"十二五"规划重点改造和提升的制造业中的高技术行业

主要涉及电子信息行业,产业发展策略是提高研发水平,增强基础电子自主发展能力,引导其向产业链高端延伸。因此,对于电子信息行业的出口产品,应该给予较高的出口退税率,促进该行业发展。

3. 我国"十二五"规划重点培育发展的战略性新兴产业

包括大力发展节能环保、新一代信息技术、生物、高端装备制造、新能源、新材料、新能源汽车等战略性新兴产业。因此,对于这类我国今后重点培育、推动的产品,应该给予最高的出口退税率,促进此类行业做大做强,成长为先导性产业和未来的支柱产业。此外,通过本书第六章的实证分析,我们也认识到出口退税对高技术行业的推动作用有限,前文已经详细讨论了这个问题,这里不再赘述。

# 第三节 小结

全球经济在经历了 2008 年金融危机的冲击后,面临着在"不平衡"中寻找"再平衡"的挑战。以美国为主的发达经济体将会由消费型和金融虚拟型经济向以出口导向型为主的实体经济转型,依靠工程技术实现经济体的"再工业化",促进经济的再

平衡。因此，为了降低经常性账户逆差和对外净负债，促进经济向出口导向型经济转型，必然出现贸易主义的复苏，恶化世界市场的贸易环境。这将使我国外贸和出口压力增大，抑制出口行业发展，也使得我国的出口商品结构和整体产业结构调整的压力增大，这些都给我国宏观经济的稳定带来了负面影响。

在全球经济"再平衡"背景下，我国的出口退税政策需要由关注贸易顺差向关注贸易平衡、由关注贸易额向关注生产率提高转变；由传统的以低价取胜的战略向提高国际竞争力的战略转变。因此，要不断推进出口退税机制完善，在减轻世界市场的贸易保护程度、平衡贸易发展的同时，优化出口结构，转变经济增长方式，引导科技创新，减少出口依赖，依据出口退税政策目标以及我国"十二五"规划中的产业发展战略，有选择、有层次、有差别地调节不同产业的发展，分别给予资源型产业、低技术制成品业、中技术制成品业和高技术制成品业不同的出口退税待遇，建立适时、合理、有效的差异性出口退税率体系，推动我国的产业结构优化和升级。

# 参 考 文 献

[1] Barbara J. S. , James A. B. , "International R&D Rivalry and Industrial Strategy", *The Review of Economic Studies*, 1983, 50 (4).

[2] Barbara, J. S. , Paul K. , *Strategic Trade Policy and the New International Economics* , Cambridge: The MIT Press, 1985.

[3] Cadot, O. , Melo, J. D. , Olarreaga, M. , " The Protectionist Bias of Duty Drawbacks: Evidence from Mercosur", *Journal of International Economics*, 2003, 59 (1).

[4] Chao, C. C. , Chou, W. L. and Yu, Eden S. H. , "Export Duty Rebates and Export Performance: Theory and China's Experience", *Journal of Comparative Economics*, 2001, 29 (2).

[5] Chao, C. C. , Yu, Eden S. H. , and Yu, W. , "China's Import Duty Drawback and VAT Rebate Policies: A General Equilibrium Analysis ", *China Economic Review*, 2006, 17 (4).

[6] Carl. S. S. , " Taxation Aspects of International Economic

Integration", *Papers of the International Institute of Public Finance*, *Frankfort Conference*, 1954.

[7] Chen, C. H. , Mai, C. C. and Yu, H. C. , "The Effect of Export Tax Rebates on Export Performance: Theory and Evidence from China", *China Economic Review*, 2006, 17 (2).

[8] Eichengreen, Barry J. , and Jeffrey S. , "Exchange Rates and Economic Recovery in the 1930s", *NBER Working Papers*, 1986, No. 1498.

[9] Haufler A. , *Taxation in a Global Economy*, Cambridge: Cambridge University Press, 2001.

[10] Ianchovichina, E. , "GTAP – DD: A Model for Analyzing Trade Reforms in the Presence of Duty Drawbacks", *GTAP Technical Papers*, 2003, No. 1192.

[11] Ianchovichina, E. , "Duty Drawbacks, Competitiveness, and Growth – are duty drawbacks worth the hassle?", *World Bank Policy Research Working Paper Series*, 2005, No. 3498.

[12] Jai S. Mah. , "The Effect of Duty Drawback on Export Promotion: The Case of Korea", *Journal of Asian Economics*, No. 18 (2007).

[13] John, W. , "Export Growth and Industrial Policy: Lessons from the East Asian Miracle experience", *ADB Institute Discussion Paper*, 2005, No. 26.

[14] Keesing, D. B. , "Adjustment and Export Development, Mimeo, Trade Policy Division", *Country Economics Department*, World Bank, 1988.

[15] Lall, S., "The Technological Structure and Performance of Developing Country Manufactured Exports 1985 – 1998", *Queen Elizabeth House Working Papers*, 2000, No. qehwps44.

[16] Mah, J. S., "The Effect of Duty Drawback on Export Promotion: The Case of Korea", *Journal of Asian Economics*, 2007, 18 (6).

[17] Mah, J. S., "Duty Drawback and Export Promotion in China", *The Journal of Developing Areas*, 2007, 40 (2).

[18] Panagariya, A., "Input Tariffs, Duty Drawbacks, and Tariff Reforms", *Journal of International Economics*, 1992, 32 (1).

[19] Pavitt, K., "Sectoral Patterns of Technical Change: Towards a Taxonomy and a Theory", *Research Policy*, 1984, 13 (6).

[20] Richard, S. E., "An Inquiry into the Determinants of the Exports of China and India", *China & World Economy*, 2008, 16 (5).

[21] Robert, J. C., *International Economics*, Stamford: Centage Learning, 2008.

[22] Robert, W., "How to Protect Exports from Protection: Taiwan's Duty Drawback Scheme", *World Economy*, 1991, 14 (3).

[23] Robert A., Mundell, "A Theory of Optimum Currency Areas", *The American Economic Review*, 1961, 51 (4).

[24] Thomas, H., "Globalization and Competitiveness: Relevant Indicators", OECD Science, *Technology and Industry Working Papers*, 1996, No. 5.

[25] Thomas, V., John, N., *Best Practices in Trade Policy Reform*,

Oxford：Oxford University Press，1991.

[26] Milledge W. W. , "Systems of Social Security and the Flow of International Trade", *Journal of Economic Issues*, 1971, 5 (4).

[27] Valeria D. "Regional Integration and Commodity Tax Harmonization", *The World Bank Policy Research Working Paper*, 1997, No. 1848.

[28] Westphal, L. E. , "Industrial Policy in an Export-Propelled Economy：Lessons from South Korea's Experience", *Journal of Economic Perspectives*, 1990, 4 (3).

[29] Winston W. C. , "Production Externalities, Variable Returns to Scale, and the Theory of Trade", *International Economic Review*, 1981, 22 (3).

[30] 布阿吉尔贝尔：《布阿吉尔贝尔选集》，伍纯武、梁守锵译，商务印书馆，1984。

[31] 陈传兴、张静：《出口退税政策对出口贸易的效应分析》，《国际商务研究》2009 年第 6 期。

[32] 陈虎：《我国出口退税政策的经济效应分析》，《产业与科技论坛》2007 年第 12 期。

[33] 陈继勇、周琪：《经济增长动力耦合与全球经济再平衡》，《武汉大学学报》（哲学社会科学版）2011 年第 6 期。

[34] 陈军才、林伟斌：《出口退税率调整对机电产品和高新技术产品出口影响的分析》，《税务与经济》2005 年第 5 期。

[35] 陈平、黄健梅：《我国出口退税效应分析：理论与实证》，《管理世界》2003 年第 12 期。

[36] 陈入嘉、袁杨璐：《浅析出口退税调整的原因及对我国对

外贸易的影响》,《中国商贸》2011 年第 15 期。

[37] 邓力平:《浅谈中性与非中性出口退税制度》,《税务研究》1996 年第 11 期。

[38] 邓力平:《WTO 下的中国税制:寻求中性与非中性结合的新形式》,《福建论坛》(人文社会科学版) 2001 年第 1 期。

[39] 邓子基、黄黎明:《关于出口退税问题的思考——兼评新的出口退税政策效应》,《涉外税务》2003 年第 12 期。

[40] 大卫·李嘉图:《政治经济学及赋税原理》,彼罗·斯拉法主编《李嘉图著作和通信集》(第一卷),郭大力、王亚南译,商务印书馆,1962。

[41] 方甲:《产业结构研究》,中国人民大学出版社,1997。

[42] 龚唯平、赵今朝:《协调指数:产业结构优化效果的测度》,《暨南学报》(哲学社会科学版) 2010 年第 2 期。

[43] 郭辉明、屠庆忠:《试论最优出口退税率》,《经济论坛》2004 年第 13 期。

[44] 何晴、张斌:《出口退税政策:总量与结构》,《税务研究》2009 年第 1 期。

[45] 何兴容、凡福善:《出口退税与我国贸易出口增长——基于时间序列数据的协整分析和政策效应检验》,《当代财经》2009 年第 10 期。

[46] 黄卫平、钟表:《世界经济失衡与平衡、再平衡的分析探讨》,《经济经纬》2011 年第 4 期。

[47] 黄英胜:《科技创新型出口退税政策的经济学分析》,《学术问题研究》2008 年第 1 期。

[48] 黄兆琼、兰延灼:《出口退税的国际比较与借鉴》,《福建

税务》2003 年第 6 期。

［49］ 江霞：《出口退税动态激励效应研究——基于状态空间模型的实证分析》，《山东社会科学》2010 年第 5 期。

［50］ 金兴健：《人民币贬值政策与出口退税率调整的比较分析》，《财贸研究》2002 年第 2 期。

［51］ 理查德·A. 马斯格雷夫：《财政理论与实践》，邓子基、邓力平译，中国财政经济出版社，2003。

［52］ 李汉桥：《"出口退税"调整影响部分行业》，《经济研究参考》2004 年第 7 期。

［53］ 李洪林：《论我国出口退税制度存在的问题与对策》，《知识经济》2011 年第 3 期。

［54］ 李京文、郑友敬：《技术进步与产业结构》，中国展望出版社，1989。

［55］ 林龙辉、向洪金、冯宗宪：《我国出口退税政策的贸易与经济效应研究——基于局部均衡模型的分析》，《财贸研究》2010 年第 1 期。

［56］ 刘剑文：《出口退税制度研究》，北京大学出版社，2004。

［57］ 刘小军：《关于"战略性出口退税制度"的设想》，《涉外税务》1999 年第 12 期。

［58］ 刘怡：《出口退税：理论与实践》，《北京大学学报》（哲学社会科学版）1998 年第 4 期。

［59］ 刘盈曦、郭其友：《出口退税的产业结构优化效应研究综述》，《经济问题探索》2011 年第 10 期。

［60］ 刘盈曦、郭其友、童幼雏：《后经济危机时期我国经济政策的选择：基于历史经验与现实的思考》，《当代经济科学》2010 年第 6 期。

[61] 罗鸣令：《从〈赋税论〉看威廉·配第的税收思想》，《铜陵学院学报》2009 年第 8 期。

[62] 马先仙、姜凌：《全球经济失衡的原因、可持续性与解决途径——基于国际储备供求关系视角的研究》，《新金融》2006 年第 8 期。

[63] 茅于轼：《出口退税未必合适》，《大经贸》2001 年第 4 期。

[64] 马芸：《出口退税改革对推进产业结构优化的作用》，《辽宁经济》2007 年第 3 期。

[65] 马玉瑛、李东明：《我国实行出口退税问题的探讨》，《中国农业大学学报》（社会科学版）2000 年第 4 期。

[66] 潘明星：《零税率与我国的出口退税制度》，《当代财经》1997 年第 11 期。

[67] 裴长洪：《论转换出口退税政策目标》，《财贸经济》2008 年第 2 期。

[68] 裴长洪、高培勇：《出口退税与中国对外贸易》，社会科学文献出版社，2008。

[69] 齐俊妍、刘静：《金融危机背景下中国出口退税政策的调整及效果评价》，《对外经贸实务》2010 年第 4 期。

[70] 史蒂芬·J. 托洛维斯基：《国际宏观经济动态学》，王根蓓译，上海财经大学出版社，200。

[71] 孙文杰：《中国产业结构优化的测度及影响因素研究——基于中国 1995～2008 年的工业数据》，《经济研究导刊》2010 年第 33 期。

[72] 苏东水：《产业经济学》，高等教育出版社，2006。

[73] 史忠良：《产业经济学》（第二版），经济管理出版社，

2005。

[74] 汤贡亮、李成威：《出口退税政策的经济效应：理论分析和实证研究》，《税务研究》2002 年第 12 期。

[75] 唐倩：《取消出口退税乃大势所趋》，《国际商务研究》1996 年第 5 期。

[76] 汪进、尹兴中：《流动性过剩、全球经济再平衡——后危机时代国际经济金融新格局分析》，《经济学动态》2010 年第 6 期。

[77] 王斐波、刘斯敖：《出口退税政策调整对贸易结构的短期影响——基于事件分析法》，《经济论坛》2009 年第 1 期。

[78] 王复华、叶康涛、彭飞：《次优出口税理论与我国出口退税政策的完善》，《中央财经大学学报》1998 年第 4 期。

[79] 王进猛：《出口退税的国际比较及我国出口退税的完善》，《涉外税务》2000 年第 11 期。

[80] 王述英：《新工业化与产业结构跨越式升级》，中国财政经济出版社，2005。

[81] 王晓雷：《对外经济均衡、产业结构升级与我国出口退税政策调整》，《税务研究》2007 年第 6 期。

[82] 王晓雷：《出口退税政策调整对出口规模与出口结构的影响》，《国际贸易》2008 年第 7 期。

[83] 王燕萍、张红燕：《出口退税政策对我国外贸的影响及对应策略》，《中国商贸》2011 年第 21 期。

[84] 王英凯：《全球经济再平衡下的贸易保护主义对中国出口的挑战》，《特区经济》2010 年第 8 期。

[85] 乌日娜：《我国出口退税政策调整对出口规模和出口商品结构的影响》，《内蒙古统计》2011 年第 2 期。

［86］ 夏亚芬：《出口退税对纺织服装出口贸易的影响》，《现代商业》2008 年第 14 期。

［87］ 威廉·配第：《配第经济著作选集》，陈冬野等译，商务印书馆，1981。

［88］ 威廉·配第：《赋税论：献给英明人士 货币略论》，邱霞、原磊译，华夏出版社，2006。

［89］ 向洪金、赖明勇：《全球化背景下我国出口退税政策的经济效应》，《数量经济技术经济研究》2010 年第 10 期。

［90］ 谢勤：《出口退税率的调整对出口产品结构的影响》，《统计与决策》2005 年第 3 期。

［91］ 亚当·斯密：《国民财富的性质和原因的研究》，郭大力、王亚南译，商务印书馆，1974。

［92］ 许俐俐：《中国出口退税政策制度演化的经济效应分析》，《广西财经学院学报》2011 年第 1 期。

［93］ 许玉红：《我国出口退税政策功能的再定位问题》，《对外经贸实务》2011 年第 1 期。

［94］ 杨雄飞、朱燕：《浅谈出口退税政策与我国产业结构调整》，《商业时代》2009 年第 11 期。

［95］ 杨峥：《出口退税文献综述》，《华北电力大学学报》（社会科学版）2011 年第 5 期。

［96］ 杨之刚：《从国际比较看中国出口退税制度改革》，《税务研究》2004 年第 10 期。

［97］ 姚洋、章林峰：《中国本土企业出口竞争优势和技术变迁分析》，《世界经济》2008 年第 3 期。

［98］ 俞锋：《出口退税经济增长效应的理论与实证研究》，厦门大学硕士学位论文，2009。

［99］赵书博：《出口退税负担机制研究》，《税务研究》2006年第4期。

［100］赵书博：《从沿革规律探讨我国出口退税制度的完善》，《中国发展观察》2006年第8期。

［101］赵书博：《西方学者出口退税研究综述》，《管理现代化》2006年第3期。

［102］张斌、吴频：《全球经济再平衡进展分析》，《对外经贸实务》2011年第9期。

［103］郑桂环、汪寿阳：《新出口退税政策对中国出口贸易方式的影响——事件分析法的一个新应用》，《公共管理学报》2004年第3期。

［104］郑国伟：《2007年进出口关税调整对机械工业的影响与建议》，《制造技术与机床》2007年第2期。

［105］郑联盛：《2011：新常态、再平衡与国际博弈》，《世界知识》2011年第1期。

［106］张子林：《高新技术产业发展影响因素的灰色关联度分析——以吉林省为例》，《社会科学战线》2011年第12期。

［107］席艳玲：《中国高新技术产业集聚变动趋势及影响因素——基于新经济地理学的视角》，《中国科技论坛》2012年第10期。

［108］王玉：《中国高新技术产业发展效率的影响因素》，《经济管理》2011年第9期。

# 后　记

时光荏苒，不知不觉求学生涯已结束，回想在母校度过的悠悠十载，感恩之情满溢心间。

感谢母校厦门大学十年的栽培之恩，让我在这里学知识、学做人、学做事，也感谢澳大利亚莫纳什大学经济学院在 2010～2011 年接受我访问学习，这段经历使我受益匪浅。

真诚感谢我的导师——厦门大学经济学院郭其友教授。本书从确定选题、开始写作到最终完成，导师都倾注了大量的心血和精力，系统全面、深入细致地指导我。导师严谨求实的治学态度、丰富渊博的专业知识、敏锐的学术思维、精益求精的工作态度以及诲人不倦的师者风范不断激励我前行，导师在生活上给予的父辈一般无微不至的关心和照顾，让我终生难忘。同时，也要感谢我在莫纳什大学求学期间的导师史鹤林教授，在我访学期间，他对我的学习、科研和生活给予了许多指导和照顾。史老师渊博的学识、无私育人的奉献精神、正直宽厚的高尚品格值得我终生学习。

在此，还要感谢厦门大学经济学院杨继国老师、邵宜航老师、谭旭东老师、任力老师、张传国老师，他们对本书提出了宝贵的建议；感谢王瑞芳老师、邵宜航老师、谭旭东老师、龚敏老师在授课过程中给我的指导和启迪；感谢潘苏婷老师、陈启妍老师、汤茂莎老师在日常学习生活中对我的关心和帮助。

感谢经济系所有师兄师姐、师弟师妹和同学的关心与帮助。在此特别感谢师姐谢亚、芦丽静和焦娜在学习中的帮助；感谢同学王春雷、陈意、赵重芳、黄智琳、张辉在学习和生活中对我的关心和帮助。

感谢经济学院好友童幼雏、李铁、邹珊、高志勇、傅咛与我一起度过丰富多彩的学习生活，并给予我许多关心和帮助。感谢生命与科学学院好友蔡凌凌同学，感谢她的一路陪伴，也感谢她在本书写作过程中给予我的各种关心、鼓励和帮助。感谢曾经的舍友吴红泽、徐小云在生活中的关心和照顾。

感谢澳大利亚莫纳什大学经济学院的博士后梁捷对本书提出的宝贵建议，以及在我写作过程中给予的关心和帮助。

此外，还要特别感谢本书的责任编辑，她在本书的编辑、校订中付出了大量的心血，使本书最终得以印刷成册。

最后，感谢我的父母对我学业的支持和鼓励。本书不仅仅包含了我的努力，更凝结了他们的心血。感谢所有亲人给予的关心和鼓励。

刘盈曦

2014 年 1 月

**图书在版编目(CIP)数据**

出口退税的产业结构优化效应：理论与实证研究/刘盈曦著.
—北京：社会科学文献出版社，2014.6
（云南财经大学前沿研究丛书）
ISBN 978 - 7 - 5097 - 5563 - 1

Ⅰ.①出…　Ⅱ.①刘…　Ⅲ.①出口退税 - 产业结构优化 -
研究　Ⅳ.①F752.5

中国版本图书馆 CIP 数据核字（2014）第 012604 号

·云南财经大学前沿研究丛书·
出口退税的产业结构优化效应：理论与实证研究

著　　者 / 刘盈曦

出 版 人 / 谢寿光
出 版 者 / 社会科学文献出版社
地　　址 / 北京市西城区北三环中路甲 29 号院 3 号楼华龙大厦
邮政编码 / 100029

责任部门 / 经济与管理出版中心（010）59367226　　责任编辑 / 王莉莉　杨丽霞
电子信箱 / caijingbu@ ssap. cn　　　　　　　　　　责任校对 / 张千兵
项目统筹 / 恽　薇　蔡莎莎　　　　　　　　　　　　责任印制 / 岳　阳
经　　销 / 社会科学文献出版社市场营销中心（010）59367081　59367089
读者服务 / 读者服务中心（010）59367028

印　　装 / 北京季蜂印刷有限公司
开　　本 / 787mm×1092mm　1/16　　　　　　　印　张 / 13.75
版　　次 / 2014 年 6 月第 1 版　　　　　　　　　字　数 / 165 千字
印　　次 / 2014 年 6 月第 1 次印刷
书　　号 / ISBN 978 - 7 - 5097 - 5563 - 1
定　　价 / 49.00 元